用好红色资源 赓续红色血脉

革命文物 红色故事

延安·延安

延安革命纪念馆 编

茆梅芳 主编

陕西新华出版传媒集团

陕西人民教育出版社

·西安·

图书在版编目（CIP）数据

革命文物　红色故事：延安·延安／茆梅芳主编.
－－西安：陕西人民教育出版社，2022.9（2024.6 重印）
ISBN 978－7－5450－8696－6

Ⅰ.①革… Ⅱ.①茆… Ⅲ.①革命故事－作品集－中
国－当代 Ⅳ.①I247.81

中国版本图书馆 CIP 数据核字（2022）第 147030 号

革命文物　红色故事 延安·延安
GEMING WENWU HONGSE GUSHI YAN' AN YAN' AN

延安革命纪念馆 编
茆 梅 芳　主编

出　　版	陕西新华出版传媒集团 陕西人民教育出版社
发　　行	陕西人民教育出版社
地　　址	西安市丈八五路 58 号
经　　销	各地新华书店
策　　划	郑丹阳
责任编辑	郑丹阳　徐纪厂
责任校对	李　夏
封面设计	张　阳
印　　刷	三河市悦鑫印务有限公司
开　　本	787 mm×1092 mm　1/16
印　　张	21.75
字　　数	325 千字
版　　次	2022 年 9 月第 1 版
印　　次	2024 年 6 月第 2 次印刷
书　　号	ISBN 978－7－5450－8696－6
定　　价	69.00 元

《革命文物　红色故事　延安·延安》

延安革命纪念馆　编

组委会

主　任：茆梅芳

副主任：刘　忆　李晓剑　杜　梅

委　员：常　成　赵学德　任　红

　　　　郝小艺　冯东梅　李振武

　　　　张　欢　冯延宁　李　胜

编委会

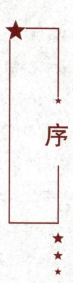

序

　　在全党深入开展党史学习教育活动中，欣闻延安革命纪念馆茆梅芳同志主编的《革命文物　红色故事　延安·延安》一书，将由陕西人民教育出版社出版发行，这是党史界同仁值得庆贺的一件大好事。在书稿即将付印之际，我想借机谈点儿感言作为序。我认为，这本书的出版，是延安革命纪念馆在文博阵地宣传上的一大创举。书名本身就富有新意，寓意将馆藏的革命文物通过讲述文物承载的红色革命故事，宣传党中央和毛泽东等老一辈无产阶级革命家在延安十三年的实践活动。通过视频和讲述的方式使静态的文物动起来，充分发挥其功能和作用，这件事本身就是一种创新。

　　这件事的源头是 2021 年初全党掀起党史学习教育的热潮，延安革命纪念馆确定拍摄"红色故事微视频和青少年党史学习教育课程"，分为 100 集系列红故事微视频《延安·延安》和 13 节青少年党史教育课程两部分。文稿撰写和视频制作坚持以历史为基础，以党中央在延安十三年革命活动为主线，充分发掘和利用馆藏文物优势，选择具有代表性的革命文物做依托，分别从政治、军事、经济、文化、社会等方面带领观众走近文物、感知历史。短视频每集长 5 分钟左右，100 集红故事分四季播出。从馆领导到讲解员都参与到讲述和制作红故事的行列中，通过视频回望延安时期波澜壮阔的峥嵘岁月，感悟延安精神的巨大力量，使红色文物成为党员干部"学党史、悟思想、办实事、开新局"的活教材。经过一年多的实践，在全社会产生了巨大反响，经评审，这个研发项目已经入选"全国革命文物保护利用十佳案例"。现在，延安革命纪念馆把这些红色故事编辑成书，每一篇文物故事都配有馆方讲述者录制的视频或音频，读者通过扫描标题下方的二维码就可以直接观看和收听文物背后的故事，也就是说只要你能拿到这本书，不去延安也同样可以感悟党中央和毛泽东等老一辈革命家在延安时的丰功伟绩。

延安革命纪念馆始建于 1950 年，是中华人民共和国成立后最早建成开放的革命纪念馆之一，是唯一一座集中展示中共中央在延安十三年革命历史的纪念馆。70 多年来，这座红色基因库实现了馆藏文物由建馆之初的千余件到现在的 3.6 万件的飞跃。为迎接中国共产党百年华诞，延安革命纪念馆全面启动并完成了建馆以来的第十次陈列提升，并推出了 100 个完整的文物故事，而且将保存多年的镇馆之宝也列入其中，如著名的"实事求是"石刻、毛泽东骑过的马（小青马标本）、毛泽东书写《沁园春·雪》的小炕桌等一级文物，这些都成为用讲解词和语音导览之后对外宣传展馆内容的升华。

习近平总书记早在 2016 年就对保护和利用文物做出指示：“文物承载灿烂文明，传承历史文化，维系民族精神，是老祖宗留给我们的宝贵遗产，是加强社会主义精神文明建设的深厚滋养。保护文物功在当代、利在千秋。”2021 年 3 月，习近平总书记又对革命文物工作做了重要指示，强调：“切实把革命文物保护好，管理好，运用好”，并指出：“革命文物承载党和人民英勇奋斗的光荣历史，记载中国革命的伟大历程和感人事迹，是党和国家的宝贵财富，是弘扬革命传统和革命文化、加强社会主义精神文明建设、激发爱国热情、振奋民族精神的生动教材。”“加强革命文物保护利用，弘扬革命文化，传承红色基因，是全党全社会的共同责任。”延安革命纪念馆与陕西人民教育出版社共同编辑出版这样一本图文并茂、有声有色的文物故事图书是认真践行和落实习近平总书记对文物工作指示的实际行动，是在中国特色社会主义新时代对革命纪念馆陈列内容宣传的有效途径，也填补了文博战线在阵地宣传中的一个空白。对此，我感到十分欣喜，并表示由衷的祝贺！

李忠全

2022 年 4 月 7 日

CONTENTS

目 录

民族英雄谢子长

文物：毛泽东给谢子长烈士的题词拓片

  这张有着"民族英雄"字样的拓片，四个大字遒劲有力，是毛泽东给谢子长烈士的题词。毛泽东曾先后三次给谢子长烈士题字、题词，称颂他的革命功绩。这在毛泽东题词史上并不多见，足以看出毛泽东对谢子长的高度肯定和深切悼念。

  谢子长是西北革命根据地和西北红军的主要创始人之一，早年弃教从军。1924 年，谢子长回陕西安定县创办民团，任团总。1925 年，为推翻陕北军阀，谢子长赴京津地区联络陕北籍军界学界人士时，受到先进革命思想洗礼，加入了中国共产党，后受组织委派回陕北进行革命活动。在他和共产党员李象九等人的共同努力下，陕北军阀井岳秀部倾向革命的旅长石谦及其他的部下，有一百多人加入了共青团或者中国共产党，甚至有的营、连等基层单位都建立了党组织，革命运动蓬勃发展。

  蒋介石背叛革命以后，全国陷入一派白色恐怖之中，大批

◀ 毛泽东给谢子长烈士的题词拓片

▲ 谢子长

共产党员被捕、被杀。陕北军阀井岳秀也向共产党人举起了屠刀，命令石谦处决谢子长、李象九和唐澍等共产党人，石谦并没有执行命令，于是井岳秀便设计杀害了石谦。

在此紧急关头，谢子长等人立即召开党的会议，分析形势，研究对策。根据中共陕西省委指示，成立了陕北军事委员会，在清涧县城召开了党员大会和排以上干部会议，决定发动清涧起义。

1927年10月12日清晨，在一片"为石旅长报仇"的口号声中，起义部队里应外合，消灭了驻军两个连及一个营部。后来，起义部队在宜川县遭到敌人的重兵围攻，只有以谢子长营为主要力量的300余人突出重围，起义失败。

清涧起义的失败，并没有使谢子长斗志消沉。他冒着被逮捕、被杀头的危险奔走陕甘宁，与刘志丹等人组建了陕甘边和陕北两支游击队，创建了陕甘边和陕北两块革命根据地。他入虎穴、冒白刃、败不丧志、愈挫愈奋，虽九死而不悔、万死而不辞，坚信革命一定会成功。他常说："共产党人就是像毛垯〔方言，"一丛""乱蓬蓬"的意思〕柳树一样，割了这一茬，那一茬还会长出来。"在他的影响下，他们一家26人全部参加革命工作。

1934年8月下旬，谢子长在指挥攻打河口的战斗中不幸中弹负伤，但他仍然坚持指挥到战斗胜利。

1935年2月21日，谢子长在安定县（现子长市）灯盏湾与世长辞，年仅38岁。谢子长逝世后，为了不影响根据地人民的情绪，防止敌人乘机袭击，西北工委决定保密，不发讣告。同年，为了纪念这位陕北革命的重要领导人，中共西北工作委员会决定将安定县改名为子长县。

1939年，陕甘宁边区党委和政府决定在谢子长家乡枣树坪修建谢子长烈士墓，将他的灵柩从阳道峁移葬在枣树坪。边区党政军民各团体3000多人参加了移葬仪式。毛泽东先后三次为谢子长题词："民族英雄""虽死犹生""谢子长同志千古，前仆后继，打倒人民公敌蒋介石"，还亲笔为他写了将近 300 字的碑文。

1946 年，谢子长陵园落成，中共中央西北局敬送挽联"一生为人民创造红地，百姓到如今叫你青天"。这是对民族英雄谢子长一生的高度概括。

每当我们在延安革命纪念馆看到这张由毛泽东为谢子长同志的题词拓片时，就会想起谢子长为革命奋斗的光辉一生。英雄虽死，精神永恒，人民永远不会忘记，我们的民族英雄——谢子长！

李子洲用过的皮箱

文物：李子洲用过的皮箱

朋友们，我们看到的这个黑色皮质的箱子，为横式长方体形状。箱子里面有蓝色衬布，衬布有一些褪色和污渍。外盖口中间有金属质地的已经损坏的锁扣，箱子前后两侧有可以手提的铁环，箱子的上面有一大一小两处残破，部分地方已经起皮和褪色，箱盖与箱身几乎分离。

这个箱子是李子洲同志生前使用过的。

李子洲，陕西绥德县人，1892 年 12 月 23 日出生。1912年，李子洲从家乡绥德县出发，徒步七八百里，来到西安三秦公学读书。在老师的熏陶下，李子洲开始接受新思想。1915年 5 月，李子洲和刘天章、魏野畴、杨钟健等同学，投入反日反袁反"二十一条"的斗争中。

1917 年，李子洲考入北京大学预科，两年后入哲学系就读。五四运动中，李子洲积极参加示威游行，被选为学生代表，和

▲ 李子洲用过的皮箱

▲ 李子洲

同学们一起冲破军警阻挠，包围了卖国贼曹汝霖的住宅，火烧赵家楼，痛打章宗祥。不久后又加入李大钊创建的北京大学马克思学说研究会，进一步学习共产主义思想。

1920年，李子洲与魏野畴、刘天章、杨明轩等人合作创办了《秦钟》及《共进》刊物，先后发表了《陕西师范学校应改革的几点》《纪念五一》等十余篇文章，唤醒民众加入救国救民的阵营，为《共进》的出版发行和发展共进社会员做了大量工作，被誉为共进社的"大脑"。

1923年年初，经李大钊、刘天章介绍，李子洲加入了中国共产党。同年夏天，他从北京大学毕业后回到陕西，先后在三原渭北中学、榆林中学任教。

1924年秋，李子洲任绥德陕西省立第四师范学校（简称绥德四师）校长。在他的指导下，绥德四师成立了学生会，组织了进步团体共进分社、陕北青年社，创办了进步刊物《陕北青年》，成立中共绥德小组，引导大批青年走上革命道路，点燃了西北革命的火种。

1928年11月，中共陕西省委书记潘自力被捕，李子洲代理中共陕西省委书记。他认真总结清涧起义和渭华起义失败的教训，重新部署全省的革命斗争。由于叛徒出卖，省委机关遭到严重破坏，李子洲和其他负责人先后被捕入狱。在狱中，国民党狱警、狱吏对李子洲进行了残酷的折磨，但他始终坚贞不屈，与敌人进行了针锋相对的斗争。

1929年6月18日，李子洲同志在狱中不幸病逝，时年37岁。在狱中，他通过看守和狱外友好人士的帮助，给家乡的妹妹李登岳写信说："我不怕死，我一个人牺牲了，还有更多的人活着，将来的社会必定是光明的，不要为我伤心掉泪。"这些话充分表现了一位共产党员的坚定信仰和不怕牺牲的献身精神。

成仿吾的党证

　　朋友们，我们现在看到的是一本中国共产党党员的党证。党证长 10.2 厘米、宽 6.6 厘米，竖开本，黑色铅字印刷。封面上方扇形排列着"全世界无产阶级联合起来"，中央端端正正地印着"中国共产党党证"七个繁体大字，上面盖有中国共产党中央委员会的印章，编号为第 000608 号。今天，让我们怀着崇敬的心情，跟着党证，一起来了解一位长征铁流中的教授——成仿吾，寻找一份跟党走的答案。

　　这是 1934 年 4 月 10 日成仿吾在江西瑞金领到的党证。翻开这本党证，上面详细地记录着成仿吾的姓名、籍贯、年龄、性别、职业、社会出身、入党年月。党费缴纳登记表逐页记录着 1934 年 4 月至 1935 年 12 月间成仿吾逐月缴纳党费的情况，这就是

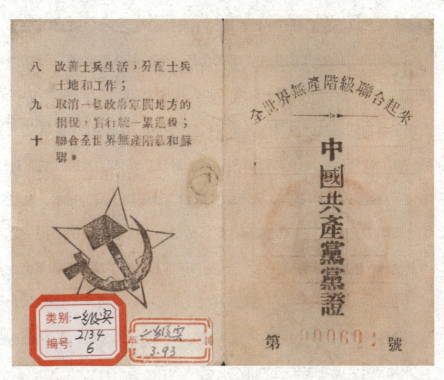

八 改善士兵生活，分配士兵
土地和工作；

九 取消一切政府軍閥地方的
捐稅，實行統一累進稅；

十 聯合全世界無產階級和蘇
聯。

全世界無產階級聯合起來

中國共產黨黨證

第 00060 號

類別 一級實
編號 2134 6

二級實 3.93

姓 名	成仿吾	黨費繳納登記表 1931 年		
籍 貫	湖南	一 月 份		
年 齡	卅七	二 月 份		
性 別	男	三 月 份		
職 業	革命職業	四 月 份		
社會出身	智識份子	五 月 份		
入黨年月	一九二八，九.	六 月 份		
備 考				

一九三○年 ○月 ○日

黨部發   蓋章 簽字

▲ 成仿吾的党证

一名老共产党员在二万五千里长征途中自觉履行党员义务的真实记录。

成仿吾，1897年出生在湖南新化县一个知识分子家庭，早年留学日本，在五四精神的感召下，于1921年回国，毅然抛弃"科学救国"的观点，走上文艺革新的道路，与郭沫若等人共同创办了"创造社"，用文学作品唤醒民众、教育青年。1926年3月，成仿吾任广东大学教授，同时兼任黄埔军校兵器处代处长、教官。大革命失败后，他辗转上海、日本，流亡欧洲，探寻救国救民的真理。1928年9月，成仿吾在巴黎加入中国共产党，主编中共柏林、巴黎支部机关刊物《赤光》，从此开始了他的职业革命生涯。

1934年10月，中央苏区第五次反"围剿"失败，中共中央决定进行战略转移。当时，久患疟疾初愈的成仿吾不顾身体虚弱，毫不犹豫地向组织提出跟随中央一起长征的请求。很快，中央组织局批准了他的要求，把他编入了干部休养连，随中央军委纵队一起长征。带着这本党证，成仿吾以铿锵有力的步伐跨过于都河，开启了漫漫长征路；带着这本党证，成仿吾以坚定的信念随英勇的红军战士突破围追堵截，翻越雪山草地，冒着枪林弹雨，历尽千辛万苦，长驱二万五千里，最终到达陕北；带着这本党证，成仿吾走过抗日战争，走过解放战争，走进了社会主义新中国。

如今，当我们再次翻开这本跟随成仿吾亲历了翻越老山界、目睹了攻破娄山关、领略了毛泽东指挥运动战的奇妙、见识了红军战士勇夺泸定桥的英勇的小册子，一位坚定的共产主义战士的初心和信念便会跃然纸上。这本小册子，不仅是成仿吾认真履行党员义务、按时缴纳党费的见证，更是一位革命者坚定理想信念、为共产主义事业不懈奋斗的真实记录。

心有所信，方能行远。在我们党的百年奋斗历程中，一代又一代中国共产党人顽强拼搏、不懈奋斗，构筑起了中国共产党人的精神谱系。面向未来，我们要自觉从这本党证中汲取营养，不断淬炼灵魂、滋养初心，赓续共产党人的精神血脉，迈进新征程，开启新篇章，走好奋进新时代的长征路。

投豆选举

文物：投豆选举照片

　　在延安革命纪念馆里，有这样一张老照片：桌子上整齐地摆放着几只普通的碗，桌子后面排成队的老乡们，手里握着黑豆，按顺序投进碗中。它记录的就是当年"投豆选举"的场景。当年，根据地人民以"一颗豆豆要顶一颗豆豆事哩"的严肃态度，选出自己信任的"官"和政府，领悟到了"民主就是咱大家来当家"的真谛。

　　1934 年初冬，以南梁为中心的陕甘边革命根据地决定筹建苏维埃政府，其中一个重要环节就是选举产生苏维埃政府主席。要请老百姓选出边区苏维埃政府的主席，到底该怎么选举呢？要知道，那时根据地老百姓们的整体文化水平很低，大多不识字，更别提写选票了。于是有些同志就提出质疑：这种情况，还搞什么选举？但刘志丹并不这么想，他认为人民的政府一定要由人民群众自己来选，一定要从基层开始投票选举。为此，

▲ 陕甘边革命根据地群众在投豆选举

他们专门为老百姓投票想了一个好方法。

选举那天，100 多位代表参加了选举，他们手里没有选票，但每个人手里都握着一颗黑豆。这一颗颗黑豆，就是他们的选票，就是他们的信任和支持。由于刘志丹同志当时的威望较高，选举开始后，一位代表便说："咱们选老刘当我们的苏维埃政府主席吧！"代表们一呼而应。这时刘志丹却说："大家还是另外再选人吧，比如习仲勋就很能干么，比我强么，我呢要指挥咱们的队伍打仗，政府抓生产的事情实在是顾不过来呀！"在大会主持人的组织下，100 多位代表按顺序走上主席台，把手里的黑豆郑重地投进碗里，光荣地履行了自己的民主权利。这一举措赢得了在场群众的阵阵掌声，也使在场群众意识到红军是尊重穷人的，是真正民主的。

当时流传的一首《乡选歌》，就反映了群众的心声："男女都来到，会议开热闹，检讨工作真不少，全要转变好；边区要发展，选举要广泛，选举好人把事办，生活能改善……"在那次选举会议上，21 岁的习仲勋当选为陕甘边区苏维埃政府主席。

红军战士周根山的皮带

朋友们，我们看到的这是一根极其普通的皮带，岁月的磨砺使它失去了原有的色泽，光滑的表面却又印证着主人曾经对它的精心呵护。

这根皮带，是一位名叫周根山的红军战士的随身物品。从长征开始到抗战胜利，从井冈山的激情岁月到北京的和平年代，这根皮带一直陪伴在主人身边，它经历过战火的洗礼，忍受过饥饿的考验，最终迎来了中国革命的伟大胜利。每当抚摸着这根皮带，周根山就想起长征途中的艰苦岁月，就想起抗日战争中迸发于胸中的团团怒火……

1934 年 10 月，参军不久的周根山穿上军装，腰里扎着这根皮带就跟着大部队踏上了长征之路。由于行动迟缓，再加上数十万敌军的围追堵截，红军战士每前进一步都要付出惨重的

▲ 红军战士周根山的皮带

代价，周根山和他的战友们冒着敌人的炮火在火线中穿梭，拼死保卫着中央机关的安全。遵义会议后，中央红军虽然甩开了敌军，但横在面前的却是高耸入云的皑皑雪山，为了御寒，周根山勒紧腰间的皮带，尽量保存身体的温度，在同志们的相互帮助下翻越了终年积雪的大雪山。

进入草地以后，威胁着战士们生命的不仅仅是草地沼泽，病痛和饥饿同样伴随着骨瘦如柴的红军战士。如果说北上抗日是目标，那么能够活着走出草地就是信念。敌军的围追堵截、恶劣的自然环境、遥远的路途、粮食的短缺……红军面临着重重困难。其中，粮食严重不足一直是长征途中频繁遭遇的棘手问题。战士们不得不靠挖野菜、嚼草根、啃树皮来充饥，到后来，无论枪带、皮带、鞋子上的皮子、皮毛坎肩、马鞍子等，凡是能充饥的都拿来吃。

"牛皮腰带三尺长，草地荒原好干粮。开水煮来别有味，野火烧熟分外香。一段用来煮野菜，一段用来熬鲜汤。有汤有菜花样多，留下一段战友尝。"这首《牛皮腰带歌》，是红军战士在长征时期创作的，见证了那段壮烈而伟大的历程。

周根山也像别的红军战士一样时常被饥饿威胁着，他也想过把皮带煮煮吃了，可他真是舍不得啊！这根皮带，是革命的象征，是胜利的希望，他怎么也舍不得把这根皮带吃了。实在饿极了，他就把皮带勒紧，拖着疲惫的身躯继续前进。就这样，周根山和大家一道，怀着坚定的革命信念走出草地，到达陕北革命根据地。

全国抗战爆发后，由于工作需要，周根山没能像其他战士一样奔赴抗日前线杀敌，而是留在延安给毛泽东、朱德和任弼时等领导人饲养马匹，这根经历了战火的皮带也伴随着他度过了延安时期的峥嵘岁月。

中华人民共和国成立后，周根山来到北京，精心饲养毛主席在转战陕北时骑过的小青马。1964 年，他把这根伴随了自己数十年的皮带捐赠给延安革命纪念馆，希望通过这根历经战火的皮带给后人讲述当年的艰苦岁月和革命者的火热情怀。

　　这一根皮带虽小，却真实地见证了红军战士在长征途中所经历过的艰难困苦，生动地折射出红军战士崇高的革命理想和坚定的革命信念。

榆木炮和假机枪

文物：榆木炮和假机枪

　　朋友们，我们现在看到的这尊大炮，是土地革命战争时期西北工农红军使用过的榆木炮，它在攻城夺寨中大显神威，立下了不小战功。

　　土地革命战争时期，刘志丹、谢子长等领导陕北人民闹起了革命。经过无数次较量，反动民团和恶霸地主被吓破了胆，纷纷钻到防御设施坚固的寨子里负隅顽抗，这给红军、游击队和赤卫队出了难题。因为当时没有重型武器，主要靠大刀、长矛、土枪打冲锋。要扩大革命根据地，就必须攻下这钉子般的寨子。

　　寨子该怎么打？

　　大家集思广益，决定用木质坚硬的榆木制作大炮。把直径一尺的榆树砍倒，将靠根的主干截下来2米左右，从上到下锯成一样大小的两半，将树心掏出10厘米宽的圆槽，靠根部的一头留为实心，然后合起来，箍上几道铁条，再在腰部钻一个小孔用于导火。使用时，将火药、铁块、铧铁片从炮口装进去，

▲ 榆木炮

▲ 假机枪

在导火孔上装上火绳，炮口瞄准目标后，点着火绳，随着一声巨响，炮膛中的铁块就会在火药燃烧的推力下发射出去。用不了几炮，土筑的寨墙就会倒塌。

在后来的战斗中，每当要攻击敌人据点时，红军战士就把榆木炮抬出来架在山头，迷惑敌人，以助军威，吓得敌人不敢轻举妄动。

延安蟠龙川一带，至今还流传着木匠老张三和陕北红军游击队用榆木炮攻打田子园寨的故事：20世纪30年代，土豪劣绅宋银昌不仅在蟠龙川一带拥有大片的土地，他还是安定县民团下属的蟠龙团总，有三四十号人和枪，靠反动武装收取农民的田租，在当地作威作福。当地老百姓对他恨之入骨，希望红军能尽快打到蟠龙，处决宋银昌。宋银昌听说后，就带着一些有钱人和家丁搬到了制高点田子园寨。为了尽快突破田子园寨，拿下宋银昌，老张三和老乡们不分昼夜地加紧制作榆木炮。1935年3月的一个早上，红军来到蟠龙，用老张三和老乡们制作的榆木炮很快就轰开了田子园寨的寨门，寨子里的人纷纷投降。

蟠龙川至今还流传着红军攻打田子园寨的民歌：

初一到十五，十五的月儿圆，

蟠龙的受苦人，盼望着闹翻身，

……

受苦人翻了身，成立了苏维埃，

打土豪分田地，受苦人喜洋洋。

与榆木炮一样发挥巨大震慑作用的还有假机枪。每当向敌人进攻时，赤卫队便在洋铁桶里点燃鞭炮，声音像打机关枪一样震耳欲聋。伴随着惊天动地的喊杀声，就像千军万马从天而降。敌人以为红军主力部队来了，大多不再负隅顽抗，纷纷缴械投降。

革命胜利了，时代进步了，但我们不会忘记榆木炮的历史和假机枪的功劳，也不能忘却革命历程之艰难，更应珍惜这来之不易的幸福生活。

一把珍贵的赠枪

文物：毛泽东用过的手枪

　　在延安革命纪念馆里珍藏着一把枪号为 625026 的德国造 7625 型勃朗宁手枪，这把手枪长 16 厘米，最宽 11 厘米，厚 1.5 厘米。在它身上有一段关于毛泽东向赤字号游击队一支队队长张明科赠送自己配枪的动人故事。

　　1935 年 10 月 19 日，毛泽东、彭德怀率领中央红军长征到达陕北后，受到了当地百姓的热烈欢迎，人们奔走相告，传播着这个喜讯。第二天上午，当地游击队队长张明科正在李家洼和中央红军开联欢会，突然接到游击队的秘密联络员刘兴汉的鸡毛信。信中说："毛泽东在吴起镇，速来，千万勿误。"

　　张明科是延安市吴起县白豹镇许岔村人，1933 年参加保安游击队。以前张明科没有见过毛泽东，只知道他带着队伍创建了井冈山革命根据地，是中央红军的领导人。接到鸡毛信，张明科立即把部队部署好，快马加鞭赶到吴起镇，在洛河东岸半

▲ 毛泽东用过的手枪

山坡的一孔窑洞里见到了毛泽东。

见到张明科来了，毛泽东热情地和他打招呼。但张明科听不懂毛泽东浓重的湖南话，毛泽东也听不懂张明科地道的陕北方言。为了方便两人的交流，有既能懂得陕北方言又能听懂湖南话的人给他们当起了翻译。毛泽东向张明科详细询问了游击队的情况和陕北红军的情况。随后毛泽东对张明科说："你们游击队同志对这里地形熟悉，让他们给主力红军带路，一来可以学习打仗方法，二来你们多拿一些枪支回来武装自己和赤卫队。"

随后，张明科率领游击队为红军带路，全力配合中央红军发起的"切尾巴"战斗，同时帮助筹备军粮、养护伤兵、掩埋阵亡将士等。

10月21日，中央红军按此前部署，在吴起镇头道川、二道川、三道川以及平台山等地设伏，对敌形成合围之势。指挥所设在平台山顶的杜梨树旁，可俯瞰各道川战事。上午7时战斗全面打响，中央红军采取分块切割、相机包围的战术战斗2个小时，击溃国民党骑兵4个团，毙伤敌军数百人，俘敌200余人，缴获大量战马、重机枪等武器装备。

战斗结束后，毛泽东为彭德怀赋诗一首："山高路远坑深，大军纵横驰奔。谁敢横刀立马，唯我彭大将军！"彭德怀看了后，把最后一句改成"唯我英勇红军"。

毛泽东在即将离开吴起镇前，又一次召见了游击队队长张明科。毛泽东将张明科叫到自己住处，给张明科三点指示：一是在中央红军占领的几道川，把群众组织起来，建立苏维埃政权；二是建立区级政权；三是发展生产，支援前方。最后，毛泽东起身说："我们要走了，这把手枪留给你做个纪念。"说着从桌子上拿起一把德国制造的勃朗宁手枪和用布包着的三四十发子弹。张明科接过手枪，激动得半天说不出一句话来。

作为一个伟大的军事家，毛泽东一生很少摸枪。这把为毛泽东配备的德国制造的勃朗宁手枪，他从来没有使用过，直到这次，把它赠给了游击队队长张明科。

张明科带着这把珍贵的手枪，驰骋疆场，立下不少战功。抗美援朝结束后，他把手枪交给公安部门保管。1970年，他在任甘肃省定西地区专员时，将自己心爱的手枪赠给吴起革命纪念馆，之后又转到延安革命纪念馆收藏。一把珍贵的赠枪，不仅是革命领袖对游击队队长的鼓励，更包含了对广大红军将士寄予的厚望。

直罗镇战役

文物：直罗镇战役报道

　　朋友们，我们看到的是《红色中华》报 1935 年 12 月 1 日第二版，上面有一条重大消息——《陕甘苏区的空前大胜利　消灭奉军一师零一团》。

　　1935 年 10 月，中央红军到达陕北，与陕北红军胜利会师。10 月 28 日，国民党重新调整"围剿"部署，企图乘红军立足未稳，以东北军 5 个师的兵力，分别从鄜县、合水县东西同时出击，围歼中央机关和红一方面军。

　　毛泽东、周恩来、彭德怀等领导人全面分析了敌我情况，认为敌我兵力悬殊，若让敌人形成合水至鄜县、鄜县至延安的东西、南北封锁线，中共中央将很难立足。为此，毛泽东和中央军委决定，抓住葫芦河这一战略枢纽，集中全军大部分兵力，力求歼灭敌军一到两个师，打破敌人的"围剿"。

　　"知己知彼，百战不殆。"掌握敌情，是排兵布阵的重要

▲ 直罗镇战役报道

▲ 直罗镇战役旧址

依据。这次敌方的主要兵力是张学良的东北军。11月初，毛泽东在甘泉县下寺湾主持召开军事会议，决定在直罗镇打一场歼灭战。毛泽东在总攻前给彭德怀打电话："一定要打歼灭战！要的是歼灭战！"

11月19日，红一方面军司令员彭德怀、红一军团军团长林彪、红十五军团军团长徐海东等率领部下从各自驻地前往直罗镇。他们登上直罗镇周边的多个山头，仔细察看山岭、道路、村庄、河流，结合地形地势，部署作战方案。

根据部署，红军兵分两路，红一军团在直罗镇东北的石咀、凤凰头、姜家川、魏家河地区集结，然后进入直罗镇北边山岭，准备由北向南打。红十五军团在直罗镇东南的张村驿、桃花砭地区集结，进入直罗镇南边山岭，由南向北打；另有一连兵力提前在直罗镇西边小山上监视、引诱敌人进入红军伏击圈。

11月20日，东北军第109师师长牛元峰带领部队在6架飞机的掩护下，从黑水寺沿葫芦河直闯直罗镇。这时，担任诱敌任务的红军同敌军的先头部队正面交锋，交火之后边打边退，牵引着牛元峰部队往直罗镇跑。同时派出游击队和小股部队四处活动，引诱敌人钻进"口袋"。果然，东北军误认为红军抵挡不住，一直追到直罗镇。

牛元峰欣喜若狂，认为自己"旗开得胜"，马上向总部和军部报告已占领直罗镇。就在牛元峰的部队进入梦乡时，11月20日晚，红军沿南北两面山岭，包围了直罗镇。此时的红军战士们穿着单薄的衣服，趴在冰天雪地里，等待战斗打响。

11月21日拂晓，埋伏在南北山岭的红军以锐不可当之势，像两只铁拳从两面高山上砸了下来，双方激战至下午2时许，红军歼灭国民党军大部，其残部500余人退入镇东土寨子里负隅顽抗。此时，东西两路国民党援军逼近直罗镇。红军遂以少数兵力围困其残部，主力迎击增援之敌。

11 月 23 日夜，牛元峰及其残部眼看救援无望，便趁着夜黑向西逃跑。红军战士追出 20 多里，至 24 日晨，东北军第 109 师残部全部被歼，牛元峰在逃跑途中自戕身亡。红军又在张家湾地区歼灭援敌 106 师一个团。至此，直罗镇战役胜利结束。

　　直罗镇战役，歼灭国民党东北军一个师又一团，俘敌 5300 余人，毙伤敌 1000 多人，缴枪 3500 余支，轻机枪 176 挺，子弹 22 万多发，迫击炮 8 个，无线电台两部。直罗镇战役的胜利，"粉碎了卖国贼蒋介石向着陕甘边区的'围剿'，给党中央把全国革命大本营放在西北的任务，举行了一个奠基礼。"（《毛泽东选集》第 1 卷，人民出版社 1991 年版，第 150 页）

为党献身常汲汲

谢觉哉个人生产节约计划

一、建议总务处设公马，我的两匹马加入，估计一年内有10个月可供公家生产用；

二、每月10盒待客烟不要；

三、衣服、鞋子、被单不领；

四、种地一分，种植西红柿20株，秋白菜一百棵；

五、晒腌小菜一百斤。

文物：谢觉哉在延安

朋友们，我们看到的这张照片上的人就是"延安五老"之一的谢觉哉。

谢觉哉，字焕南，1884年出生，湖南宁乡人，1905年考中晚清秀才，早年曾在湖南省立第一师范学校任教。1919年参加五四运动，1921年加入新民学会，1925年加入中国共产党。大革命失败后，谢觉哉在湖北、上海及湘鄂西苏区从事党的宣传教育工作，先后任《大江报》《红旗报》《工农日报》主编。从1935年11月起到1947年3月离开陕北，谢觉哉先后担任边区高等法院院长、中央党校副校长、边区参议会副议长。

1935年11月，中央红军到达陕北后，谢觉哉任中华苏维埃人民共和国临时中央政府西北办事处内务部部长兼秘书长，为边区党的建设和政权建设呕心沥血。1936年6月，中共中央

▲ 谢觉哉

谢觉哉个人生产节约计划

一、建议总务处设公马，我的两
　　匹马加入，估计一年内有
　　10个月可供公家生产用；

二、每月10盒待客烟不要；

三、衣服、鞋子、被单不领；

四、种地一分，种植西红柿20
　　株，秋白菜一百棵；

五、晒腌小菜一百斤。

▲ 谢觉哉在延安

和西北办事处机关由瓦窑堡迁到保安县（今志丹县），他参与领导县、乡两级政府的民主选举，实行"投豆子选举"，使不识字的农民都能行使自己的民主权利。

1941年11月，在边区参议会二届一次会议上，谢觉哉、安文钦当选为副议长；选举林伯渠为边区政府主席，李鼎铭为边区政府副主席。他们几人真诚相处，共同参政议政，使陕甘宁边区成为各根据地建设"三三制"政权的模范。

在担任司法部部长兼陕甘宁边区高等法院院长期间，谢觉哉创建了人民民主政权下司法制度的雏形，强调判案要以事实为根据，严格执行司法程序。有一次，他看到一份上报子洲县的一个土匪抢劫案的卷宗，说这个抢劫犯曾作案50余起，释放后又重犯，不杀不足以平民愤。但案卷中并未说明这50余起抢劫案的具体时间、地点、被抢劫对象的姓名、抢劫后果等关键事实。他没有轻易批示照准，而是指示报案机关重新调查审理。经过复查，证实此人只抢劫过3次，曾被政府逮捕教育后并未再犯，原来上报的案情是此人乱供的，办案人员没有经过仔细调查，仅凭口供就做出了判决。

谢觉哉一生律己甚严，生活俭朴。1935年10月19日到达陕北吴起镇后，为了不打扰民众，他与徐特立露宿镇外麦田，一觉醒来，遍地寒霜，他吟诗纪实："露天麦地覆棉裳，铁杖为桩系马缰。稳睡恰如春夜暖，天明始觉满身霜。"有一次，警卫员看到他的衬衣已经很破旧了，按照规定去行政处领了一件新的老布衬衣，他知道后立即把新衬衣退了回去，把旧衬衣补了再穿。

谢觉哉从不要求组织有任何额外照顾，也不准家属子女讲特殊。有一次，他的孩子到机关小灶食堂玩，到了开饭时间，管理员想留小孩吃"小灶"，他坚决不同意，马上打发孩子回家。

中华人民共和国成立后，谢觉哉担任中央人民政府内务部部长。在内务部工作时，他"上为中央分忧，下为群众解愁"，除参与制定各种救灾救济抚恤政策外，还奔波于各地灾区，访贫问苦，具体解决实际问题。

谢觉哉一生不谋私利，不图虚名，廉洁奉公，艰苦朴素，数十年如一日，甘做人民公仆。"为党献身常汲汲，与民谋利更孜孜"，这是延安时期人们向谢觉哉祝寿时赠送给他的诗句，也是谢觉哉革命一生最真实的写照。

瓦窑堡会议

文物：中共中央政治局瓦窑堡会议会址

　　"天下堡，瓦窑堡。" 80 多年前，在这个窑洞里召开了著名的瓦窑堡会议，使这个地方与中国共产党和中国革命结下了不解之缘。

　　1935 年 12 月 17 日至 25 日，中共中央在陕西安定县瓦窑堡城内的田家大院张闻天住所召开政治局扩大会议。毛泽东、张闻天、周恩来、秦邦宪、李维汉、王稼祥、刘少奇、彭德怀、邓发、凯丰、张浩、邓颖超、吴亮平、郭洪涛等出席和列席会议。这就是瓦窑堡会议，被称为中国共产党历史上"一次极为重要的会议"。

　　会议由张闻天主持，主要讨论了全国政治形势、抗日民族统一战线、建立国防政府和抗日联军等问题。会议上出现了激烈的争论，主要是统一战线中是否包括剥削阶级，即是否联合民族资产阶级的问题。毛泽东在发言中分析各阶级对抗日的态度，明确提出民族资产阶级在亡国灭种的危难关头有参加抗日

▲ 中共中央政治局瓦窑堡会议会址

的可能，党的战略方针应是坚决的民族革命战争，把国内战争与民族战争相联系，一切在民族战争的口号下进行。毛泽东认为中国各阶级、阶层、政党以及武装力量，重新改变着他们之间的相互关系，民族革命阵线与民族反革命阵线正在重新改组之中，建立抗日民族统一战线的主观和客观条件已经成熟。经过几天的讨论，会议基本达成统一认识。

12 月 23 日，毛泽东做了关于军事战略问题的报告。同日，根据他的报告，会议通过了《中央关于军事战略问题的决议》，向全党全军明确"以坚决的民族战争，反抗日本帝国主义进攻中国"的总任务。

瓦窑堡会议确定的抗日民族统一战线的策略，既批判了"左"倾关门主义在政治策略上的错误，又警戒全党汲取大革命时期无产阶级放弃领导权而导致革命失败的教训，使党在新的历史时期将要到来之时掌握了政治上的主动权，为迎接抗日新高潮的到来做了政治上和理论上的准备。这表明中国共产党在总结革命成功和失败经验教训的基础上已经成熟起来，也表明中国共产党关于抗日民族统一战线完整的系统理论和正确的方针策略已经形成。

12 月 27 日，根据瓦窑堡会议精神，毛泽东在党的活动分子会议上做了《论反对日本帝国主义的策略》的报告，参加报告会的有中央机关、陕北瓦窑堡市科级以上干部以及中央党校和红军县团级以上干部，共 400 余人。毛泽东分析了中国共产党和民族资产阶级在抗日的前提下重新建立统一战线的可能性和重要性，指出"只有统一战线的策略才是马克思列宁主义的策略，关门主义的策略则是孤家寡人的策略。"他明确提出党和红军在新形势下的任务和目的就是要把红军的活动和全国工人、农民、学生、小资产阶级、民族资产阶级的一切活动汇合起来，以战胜日本帝国主义及其走狗卖国贼。他还着重指出共产党和红军在统一战线中具有决定意义的领导作用。

瓦窑堡会议后，陕甘宁革命根据地积极贯彻会议制定的抗日民族统一战线的方针策略，到 1936 年冬，初步形成了中国共产党领导的中国工农红军和张学良的东北军、杨虎城的第十七路军"三位一体"的西北大联合局面，推动了全国抗日民族统一战线的建立，揭开了中国革命历史的新篇章。

刘志丹穿过的军大衣

文物：刘志丹穿过的军大衣

在延安革命纪念馆，有一件"刘志丹穿过的军大衣"，这件大衣是刘志丹曾经穿过的，后来他将大衣送给了高维嵩。说起来还有这样一段故事。

那是 1935 年深冬，红二十八军军长刘志丹率领部队行军。一天夜里，刘志丹发现有个人披着被子行军，便走过去，一看是第二大队指导员高维嵩，就上前询问他的大衣哪里去了。高维嵩如实地向刘志丹讲新战士缺少过冬棉服，自己把大衣让给了新战士。刘志丹当即表扬了他关心、爱护战士的做法，随即将自己身上穿的黄呢子大衣脱下来披在了高维嵩的肩上。高维嵩见刘志丹身上穿的也不厚实，推辞不要。刘志丹以命令的口气让他穿上，并亲切地说："你个头大，穿上正合适。留下穿着行军打仗利索方便些。"从此，这件大衣就穿在了高维嵩身上。

刘志丹，1903 年出生在陕西保安县（今志丹县），他从

▲ 刘志丹

▲ 刘志丹穿过的军大衣

▲ 毛泽东为刘志丹的题词

青年时期起就投身革命。1924 年冬加入中国社会主义青年团,1925 年加入中国共产党,同年秋天,奉党的命令,进入黄埔军校学习。回到陕北后,在极其艰苦的条件下经过一次次艰苦卓绝的战斗,与谢子长、习仲勋等人共同创建了陕甘革命根据地,为中央红军长征落脚陕北奠定了坚实的基础。

1936 年 2 月,为了扩大和巩固陕甘革命根据地,广泛宣传党的抗日主张,毛泽东、彭德怀率领中国人民抗日先锋军,开始了具有伟大历史意义的东征。3 月下旬,刘志丹奉命率领北路军红二十八军从神府苏区出发东征。作为军长的刘志丹总是身先士卒,亲临一线指挥。

4 月 14 日,刘志丹指挥部队攻打山西省中阳县三交镇(今柳林县三交镇),战斗打得激烈而又艰难。为了攻克敌军碉堡,他亲临前沿阵地,指挥战士们向敌人发起冲锋。这时,一颗子弹呼啸而来,穿过刘志丹的左胸,伤到了心脏,这位钢铁一般的英雄当即倒下!殷红的鲜血从他的胸脯不断涌出,浸透了灰布军衣,染红了身下的黄土地……令敌人闻风丧胆的刘军长走了,深受人民爱戴的刘军长就这样走了!

4 月 24 日,中共中央在瓦窑堡举行追悼大会,沉痛哀悼刘志丹将军。毛泽东获悉后十分悲痛,写下"群众领袖,民族英雄"的题词。1943 年 5 月,中共中央在延安举行刘志丹公葬仪式,周恩来为他题词:"上下五千年,英雄万万千;人民的英雄,要数刘志丹。"

大衣的主人刘志丹已经牺牲,但他作为革命领袖,从不计较个人得失,艰苦朴素,爱护群众,关心部属,深受根据地军民的拥护。1953 年,高维嵩将大衣赠给延安革命纪念馆。1960 年春节,高维嵩带着妻子和孩子参观延安革命纪念馆时,向孩子们讲述了当年的故事,久久不愿离去。

岁月不居,初心不渝。英雄虽逝,精神永恒。今天,宝塔山不会忘记人民的领袖,延河水不会忘记人民的领袖,人民更不会忘记自己的英雄——刘志丹。

《沁园春·雪》与小炕桌

一件文物就是一段难忘的历史，一段历史就是一个动人的故事，一个故事就承载着一种不朽的精神。

我们眼前的这张小方桌，长 54 厘米，宽 41 厘米，高 33 厘米。类似这样的小方桌在陕北的农民家里随处可见，人们把它摆在炕上，称之为炕桌。这张炕桌并没有什么特别之处，可它为什么会被定为国家一级文物呢？因为它见证了一个重大历史事件，又同一位时代伟人及他雄冠古今的一首词紧密相关。这还得从 20 世纪 30 年代说起。

中央红军到达陕北后，为了巩固和扩大陕甘宁革命根据地，宣传党的抗日主张，实现直接对日作战，1936 年 2 月，毛泽东、彭德怀率领中国人民抗日先锋军来到清涧袁家沟村，为东征做准备。红军总部设在距黄河 15 千米处，毛泽东住在了老乡白育才家中。为了方便毛泽东办公，白育才把家里唯一的小炕桌搬

▲ 毛泽东在清涧袁家沟用过的小炕桌

来供毛泽东使用。

在袁家沟的日子里，毛泽东伏在这张小炕桌上，借助如豆的油灯，批阅文件，查看地图，谋划着红军东征的战略部署。其间，陕北普降瑞雪，山山峁峁都笼罩在皑皑白雪中。毛泽东披着一件蓝布棉大衣，踩着厚厚的积雪，来到黄河岸边。当他登上高家塬时，远望高原似蜡象奔驰，山峦似银蛇起舞，就连一泻千里的滔滔黄河，也失去了它往日的波涛……这一壮丽的景象使毛泽东心潮澎湃，诗情激荡。回到窑洞里，他伏在这张小炕桌上，挥笔抒怀，一气呵成，写下了名篇《沁园春·雪》。

这首词以宏大的气魄描绘出祖国的壮丽山河，以博大的胸怀，揽古今于须臾，抚四海于一瞬，既体现出伟大政治家在中国革命完成战略大转移后对民族解放战争新时期的深刻认识，又展示了革命领袖胜券在握、成竹在胸的豪迈气魄。

数风流人物，还看今朝。毛泽东以飘逸的神采、冲天的豪气、摄人心魄的伟大力量将中国几千年的历史翻到崭新的一页。

1945年8月，毛泽东亲赴重庆与蒋介石谈判。其间，看望了老友柳亚子先生，柳亚子向他索诗，毛泽东就将这首《沁园春·雪》抄赠给他。1945年11月14日重庆《新民报》副刊发表，当时就在山城引起很大的轰动。一时间，人们争相传诵，好评如潮。柳亚子称这首词为"千古绝唱"。

毛泽东离开袁家沟之后，老乡白育才将这张小炕桌精心保管，并作为"传家宝"传给了后代。1972年6月，延安革命纪念馆的工作人员将这张小炕桌征回，作为国家一级文物陈列展出。

今天，我们已经进入一个伟大的新时代，历史的发展再一次雄辩地证明了毛泽东的论断：数风流人物，还看今朝！

版画《人民的刘志丹》

文物∷版画《人民的刘志丹》

　　古元是延安时期具有代表性的画家之一。1938 年，古元辗转几千里奔赴延安，先后在陕北公学、鲁迅艺术学院学习。1940 年夏，古元下乡到延安县（今延安市）川口区碾庄，担任乡政府文书，业余进行木刻创作。他在西方木刻的基础上创造出了以阳刻为主、构图多变、简洁明朗、清新自然、具有鲜明民族特色和地方特点的独特风格，他的不少作品因为浓郁的乡土气息、独特的民族特色成为新兴版画的经典，在中国新兴版画历史上具有划时代的意义和深远的影响。当艺术大师徐悲鸿在展览会上见到古元的木刻时，兴奋地在报上发表文章，称其为"中国艺术界中一卓绝之天才，乃中国共产党中之大艺术家""惟对于还没有二十年历史的中国新兴版画界已诞生一巨星，不禁深自庆贺"。

　　这幅《人民的刘志丹》木刻作品则是古元的代表作之一，

▲ 版画《人民的刘志丹》

古元　1944 年　16.1 cm×22.2 cm　现收藏于延安革命纪念馆

也是一幅经典的历史题材画，它生动形象地描绘了西北红军和西北革命根据地的主要创始人之一、人民的救星刘志丹前往新解放的村庄时，被热情的乡亲们团团围拥的温馨场景。

作品采用阴刻与阳刻相结合的表现手法，画面黑白对比突出，色调浓重，层次感鲜明。处在画面中央的刘志丹的双臂和乡亲们紧紧地拥抱在一起，形象高大而英俊，神态亲切而坚毅，满怀着对乡亲们的无限关切之情。男男女女、老老少少的乡亲们则从画面的左右两侧急切切地向刘志丹聚拢过来，使其成了画面的中心。乡亲们有的拉着刘志丹的手臂，有的半张着嘴，他们全部将身体倾向刘志丹，拥戴和感激之情溢于肢体和面容。画面中的碾盘、水桶等道具和陈设皆富于典型性和戏剧舞台感。

情感交融的场景与奔放有力的刀法，将刘志丹睿智坚强的领导者形象和勤劳善良、深受苦难的群众对刘志丹热忱的拥护之情展现得淋漓尽致。

一组鼓舞人心的邮票

　　朋友们，我们现在看到的这组邮票是 1947 年 12 月 12 日，东北邮电管理总局为纪念西安事变 11 周年发行的。邮票一套有三枚，每枚长 29 毫米、宽 23 毫米，质地为白色胶版纸，刷色和面值分别为红色 30 元、蓝色 90 元、绿色 150 元。邮票设计选用门框式构图，图案中间为一只巨手高擎光芒四射的火炬，上下边框是"西安事变十一周年纪念""东北邮电管理总局，中华民国三十六年"，两侧边框是宣传标语"打到南京去""活捉蒋介石"。

　　抗战时期，中国共产党高举抗日救国伟大旗帜，提出建立抗日民族统一战线的主张，得到了许多爱国人士的赞同。从 1936 年上半年开始，红军与张学良的东北军和杨虎城的第十七路军实际上已经结束了敌对状态，西北大联合局面初步形成。

▶ 邮票一

◀ 邮票二

▶ 邮票三

▲ 一组邮票

蒋介石坚持其"攘外必先安内"的主张，于 1936 年 10 月亲赴西安，逼迫张学良、杨虎城"围剿"红军；随即又到洛阳做"剿共"的军事部署；12 月 4 日，蒋介石由洛阳返回西安，迫令张学良、杨虎城立即将其军队开赴陕北"剿共"前线。连续几天，两位将军多次劝谏蒋介石"停止内战，一致抗日"，无果后，于 1936 年 12 月 12 日凌晨在临潼华清池扣留了蒋介石，爆发了震惊中外的"西安事变"。事变发生后，中共中央明确肯定西安事变是"为了抗日救国而产生的"，主张在有利于抗日的前提下用和平方式解决问题，并派周恩来、叶剑英、秦邦宪前往西安，与蒋介石及南京方面代表谈判。几轮谈判后，蒋介石被迫接受"停止'剿共'政策、联合红军抗日"等六项主张。"西安事变的和平解决，成了时局转换的枢纽；在新形势下的国内的合作形成了，全国的抗日战争发动了。"（《毛泽东选集》第 3 卷，人民出版社 1991 年版，第 1037 页）

抗战胜利后，全国人民期盼和平。然而，蒋介石不顾全国人民的强烈反对，先后对我解放区发动了全面进攻和重点进攻，并在美帝国主义的支持下抢占东北。在这种背景下，为纪念"西安事变"，东北邮电管理总局决定发行这组邮票。邮票上的口号表达了全国人民的心声，火炬寓意全国人民团结一致，在中国共产党领导下，解放全中国，起到了宣传和鼓舞人心的作用，意义非凡，影响深远。

抗大——革命熔炉 永恒丰碑

文物：抗日军政大学的招生广告

　　这幅照片是一则抗日军政大学的招生广告，它详细记载着该学校的招生宗旨、资格、教育科目、毕业期限、校址等，正如招生广告上所写："凡有志献身于民族解放事业，具有高小毕业或同等文化程度，身体强健，无不良嗜好及暗疾者均可投考""以训练抗日救国军政领导人才为宗旨"。

　　1935 年 10 月，中央红军长征到达陕北后，国内政治形势发生了巨大变化。1935 年 11 月，面对日趋严峻的抗日形势和民族革命战争的新任务，中央将原中央红军干部团和陕甘宁晋红军军政学校合并，在瓦窑堡成立中国工农红军学校，不久改称西北抗日红军大学，培养抗日的军事人才。不久，在西北抗日红军大学基础上创办了中国人民抗日红军大学。

　　1937 年 1 月，中国人民抗日红军大学跟随党中央迁往延安，更名为"中国人民抗日军事政治大学"，简称"抗大"。这则广告，

▲ 抗日军政大学的招生广告

▲ 中国抗日军政大学旧址

就是 1937 年 1 月抗大开始招收学员时发布的。当时，抗大的招生广告，从延安一路贴到西安，沿途树干上都留下了向全国革命青年敞开胸怀的真诚邀请。广告贴出后，应者云集。每两三天招收的学生，就能编成 100 多人的队伍。

全国抗战爆发后，大批怀揣着救国热情的知识青年，从全国各地纷纷奔赴延安。1937 年 8 月，抗大办到第三期，学员已经激增到 1272 人。1938 年 4 月，抗大第四期的学员竟达到 5562 人。在烽火连天的抗战时期，"到延安去"成为最时髦和自豪的时代口号。延安吸引了一批又一批的爱国青年，他们冒着生命危险，冲破日寇和国民党顽固派的层层封锁，从四面八方、天南海北汇聚到延安，寻求抗日救国的真理。

他们有的兄弟相约、有的母女相约、有的师生相约，成群结队前往抗大。1937 年 11 月上海沦陷后，一批爱国青年历时 13 个月，徒步一万多里到达延安。到达延安时，他们已经衣衫褴褛，蓬头垢面，但仍然斗志昂扬地说："打断骨头连着筋，扒了皮肉还有心，只要还有一口气，爬也爬到延安城。"

随着办学规模的不断扩大，抗大的校舍已经不够学员们学习和住宿了。于是，从 1937 年 10 月开始，罗瑞卿率领抗大教职员工和 600 多名学员，扛起铁锹和镢头，在凤凰山上凿出了 175 孔新式窑洞。毛泽东高兴地说："你们不要小看挖窑洞，这是挖开知识分子同工农隔开的一堵墙啊！"就这样，在窑洞里，在树荫下，在石凳上，在十二人的大炕上，抗大向抗日前线输送了一批又一批优秀人才，从这所窑洞大学走出的许多学员，都成为后来中国革命的中坚力量。

延安作为革命圣地，成为当时中国"最年轻的城市""最快乐的城市""可以在一道干的地方"。年轻、快乐、一道干，这些充满活力的元素，在这片热土上扎根，经过革命熔炉锤炼，他们茁壮成长，奔赴各条战线，为民族独立、人民解放做出了卓越贡献。

新中国卫生事业的先驱——马海德

文物：马海德在大生产运动中亲手编织的草鞋

　　朋友们，现在映入眼帘的是医生马海德在大生产运动中自己动手编织的一双长 26 厘米的草鞋，它为什么会作为国家一级文物陈列在延安革命纪念馆呢？在它的背后又有着怎样一段鲜为人知的故事呢？今天就让我们通过这双草鞋，一起来了解他的主人——马海德。

　　马海德原名沙菲克·乔治·海德姆，1910 年出生于美国纽约州布法罗市的一个黎巴嫩移民家庭。1918 年一场高致死率的流感席卷全球，马海德一家不幸感染。幸运的是，有一位好心的老医生亲自到他家里免费为他们治疗。从那时起，当医生、为穷人看病的理想，一下子就扎进了 8 岁的马海德的心里。23 岁时，马海德如愿从瑞士日内瓦医科大学获得医学博士学位，可他并没有马上回到期盼已久的父母身边，而是和同学一起来到中国，考察东方热带流行病。他没想到的是，当他踏上中国这片神奇的土地后，竟会被这里深深地吸引，一待便是半个世纪。

▲ 马海德

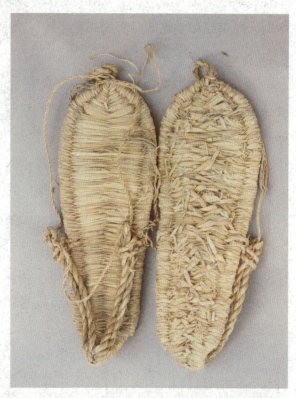

▲ 马海德在大生产运动中亲手编织的草鞋

1936 年，经宋庆龄推荐，马海德和斯诺从上海来到陕北。初来乍到的马海德在这里看到了中国的希望和未来，点燃了他为穷人看病的理想火种。最终，他做出一个让他自己都吃惊的决定：留在陕北。因为这里的老百姓实在是太需要他了。就这样，他留了下来，加入了红军，加入了中国共产党，名字也从沙菲克·乔治·海德姆变成了马海德，人们都称他"马大夫"或"老马"。

当时的延安，不仅没有医院，甚至连普通的门诊和简陋的卫生设施都没有。为此，马海德就到处去帮人看病，窑洞里、大树下、田野中，随处可见他的身影。他从不顾及环境脏乱、条件艰苦，总是说医生哪能等病人，要自己去找病人。暑来寒往，十载春秋，马海德参与筹建了陕甘宁边区医院和延安白求恩国际和平医院。同时，他还作为保卫中国同盟驻延安的代表，积极协助白求恩、柯棣华以及汉斯·米勒等国际友人来华支援。

马海德于 1950 年正式加入中国国籍，主要从事麻风病的防治和研究工作。他十分珍视自己的中国国籍，始终以主人翁的身份置身于中国革命和建设事业中，为此，当卫生部为外国专家增涨工资，通知马海德前去领取时，向来温和幽默的马海德却发了脾气，严肃地说："我是中国人，我不是外国专家。"

直到晚年，他心里一直惦念和放心不下的，还是消灭盘旋在中国老百姓头上的"魔鬼"——麻风病。即使在临终前，他依旧说道："如果让我重新开始生活，我还是要选择这条道路，这是毫无疑问的。"他还说："一个人活在世上，总要做些事。我为中国革命做了一些事，死也无憾了。"

1988 年，马海德因病逝世，享年 78 岁。家人遵照他的遗嘱，将其骨灰的三分之一送回他魂牵梦绕、长期战斗和生活过的延安，并撒入延河。

照片中这双草鞋见证了马海德在陕甘宁边区艰苦的奋斗历程。1988 年 9 月 23 日，卫生部授予他"新中国卫生事业的先驱"称号。2009 年 9 月 14 日，他被评为 100 位新中国成立以来感动中国人物之一。2019 年他被授予"最美奋斗者"荣誉称号。

一入华夏终不悔，此生无憾为中华。马海德以他伟大的人格和革命精神永远激励着我们，为实现"两个一百年"奋斗目标和中华民族伟大复兴的中国梦而奋勇前行。

石窟中走出的书店

文物：清凉山新华书店旧址

　　照片上是延安清凉山万佛洞底层的一个石窟，也是新华书店成立时的旧址。就在这个简陋的石窟里，孕育和传播着梦想与知识，毛泽东曾为此题名：新华书店。

　　1937 年 1 月，党中央从保安进驻延安。为了迎接全国抗战的新形势，加强党的宣传工作被正式提上了议程。毛泽东清醒地认识到，在这里，总结过往经验，形成符合中国实际的马克思主义思想体系，并把它传播出去，是一件刻不容缓的事情。于是，1937 年 1 月 22 日，中央党报委员会正式成立，委员会包括《新中华报》、新华通讯社以及负责书刊的发行部门——新华书店。名字中的"新华"二字代表着当时所有中国共产党人的伟大愿景：建立一个新中华的国家。同年 4 月 24 日，《解放》周刊在万佛洞出刊，封面印有"陕西延安新华书局发行"的字样。

　　曾在长沙从事过党的地下机关刊物发行工作的涂国林，是

▲ 清凉山新华书店旧址

新华书店的第一位经理。清凉山上的那一排石窟，便是书店的门市部，也是涂国林的办公室和卧室。石窟里堆满了书籍与杂志，洞中的壁画被遮得严严实实的，书籍的油墨香气与泥土的气息交杂在一起。可他到任没多久，发行科的战士们几乎都被调往前线，只剩下了一位通讯员和一位发行员。没有营业员，涂国林就自己售书。每一天，涂国林他们都要先到清凉山顶的万佛洞主石窟印刷厂里，把第二天要发售的图书扛到发行书库里，登记、收货、存储、包装，再扛到山下，送到邮局去寄发。山路陡峭且艰险，为了保证安全、节省精力，他们就在清凉山旁研制了一个土滑轮，把书用绳子捆好，一捆一捆地运下来。之后，他们还要趟过刺骨的延河水，把书运到对岸。一步一停，格外小心。在延安，这些图书比金子还要珍贵。

1938年11月20日，日机轰炸延安城，设在延安城内西府巷9号的光华书店被炸毁。1939年9月1日，在延安城北门外云梯山麓有7间平房的新华书店新店正式开业了。毛泽东在这一天也高兴地为这间书店亲手题写"新华书店"四个大字。从1937年到1940年，新华书店成立短短三年内，共发行延安出版的各种书籍160余种50余万册，报刊10种上百万册，还发行了许多进步书籍和苏联出版的书籍300余种，报刊70余种。

1940年，抗战进入艰苦的相持阶段，形势十分严峻，向敌后抗日根据地输送书刊的工作越来越困难。在毛泽东的指示下，新华书店组建起延安连接各个根据地的发行网点和发行网络。每一位发行通讯员，都要像前线的战士一样，突破日军的封锁线，将书刊送到各个根据地网点。在战火连天的岁月里，发行一本图书，有时候要付出生命的代价，由此牺牲的发行员不在少数，但是，他们始终坚守在自己的岗位上，从未懈怠过一分。

红旗插到哪里，书店就开到哪里。在抗战胜利即将到来的1945年，新华书店业务已经覆盖了所有根据地。八年间，从延安出版的书籍遍布全国，鼓舞着每一位爱国青年。新华人勇于牺牲、不懈开拓、善于服务的革命精神在这片土地上永远流传。

我们的心永远是红的

文物：刘伯承照片

　　我们现在看到的这张照片是抗战时期八路军 129 师师长刘伯承的照片。

　　七七事变后，国共实现第二次合作。共产党同国民党达成协议，把红军主力改编成国民革命军第八路军，下辖 115、120 和 129 三个师，刘伯承担任 129 师师长。

　　消息传出去以后，很多人顾虑重重："改编后，谁是领导，共产党还是国民党？国民党借机欺负我们怎么办？"作为129 师师长，刘伯承对这些议论也有所耳闻。有一次，他看到身边的工作人员愁眉不展，便问道："你对改编的事儿也想不开？""改编后谁来领导我们？命令由谁来下？朱老总当了国民党第二战区副司令长官，会不会被他们架空？国民党过去多次'围剿'我们，这次会不会借机整垮我们？"被这事儿憋了好几天了，这位同志逮住机会就把自己心里的困惑如竹筒倒豆子般地吐了个痛快。刘伯承忍不住笑了，说："我们名义上叫

▲ 刘伯承

八路军，实际上还是红军，仍然是共产党、毛主席领导的军队。我们有全国人民做后盾，有党中央和毛主席的正确领导，在总部有朱老总指挥，在前线、在师里有我，国民党要搞阴谋，是指挥不动我军的！"

1937年9月6日，在陕西三原县城以西的石桥镇，129师召开了开赴抗日战场的誓师大会。

那天，天空飘着小雨。刘伯承骑马赶到誓师现场，雨越下越大，已经45岁的刘伯承，浑身被淋透了。随行人员从背后给他悄悄披了一件雨衣，察觉到的刘伯承立刻皱眉道："你知道为将者应当'冬不衣裘，夏不张盖'吗？"随行人员听懂了刘伯承的意思，一边取下雨衣，一边回答说："与众同也！"

刘伯承以身作则，深深感染了全体指战员。大家都站在雨里，听着刘伯承的誓师动员。他说："日本人在侵占了我们东三省以后，又开始吞并华北了，他们亡我中华之心不死啊。大敌当前，我们必须团结起来，把日寇赶出去。要不然，我们就不能生存，就会有亡国灭种的危险……"

说到这里，他提高了嗓音："同志们，换帽子算得了什么？那是形式。我们人民军队的本质是不会变的，红军的优良传统是不会变的，我们解放全中国的意志是不会变的！"随即，他含着热泪缓缓地换下红军帽。"换帽子！"一声凝重的命令响彻全场，大家都依依不舍地把红军帽放进了挎包，戴上青天白日军帽。

当地的老百姓却慌了："衣服、帽子都换了，难道也要变成跟国民党军队一样了吗？"刘伯承把这一切看在眼里，他要求指战员们跟以前一样帮助老百姓做好事儿。战士们说："听说很多老乡对我们怀疑了，我们真急啊！恨不得把胸膛扒开，让他们看看，里面的心是红的还是黑的。"

在刘伯承的带领下，129师东渡黄河，奔赴抗日前线。临行前，战士们把老乡家的房子打扫得干净整齐，他们用实际行动证明了"我们的心永远是红的"。

红军改编　出师抗日

文物：黄河渡船

　　1937 年 8 月 25 日，中共中央军委发出改编命令，将中国工农红军第一、第二、第四方面军及陕北红军等部改编为国民革命军第八路军，朱德任总指挥，彭德怀任副总指挥，叶剑英任参谋长，任弼时任政治部主任。八路军下辖 115、120 和 129 三个师，全军近 4.6 万人。八路军直属国民政府军事委员会，1938 年 1 月改隶第二战区。

　　改编后的八路军整装待发、出师抗日，他们就是乘坐着这样简陋的渡船经过陕西韩城县（今韩城市）芝川镇渡过黄河，挺进山西前线的。

　　1937 年 8 月 26 日，朱德与彭德怀签发《八路军总指挥布告》："本军奉命抗日，为求民族生存。拥护中央领导，驱除日寇出境……本军纪律严明，买卖照常公平。禁止拉夫拉车，禁

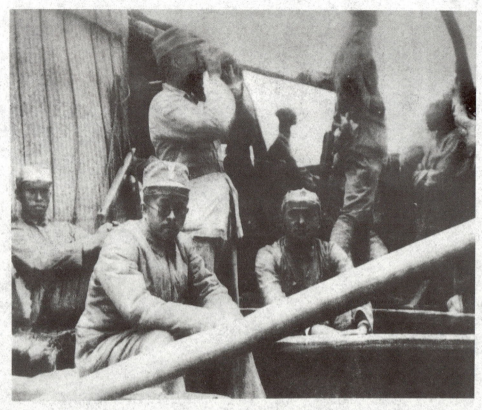

▲ 东渡黄河

（左起：左权、任弼时、朱德、邓小平）

▲ 黄河渡船

止侵犯百姓。""望我国人奋起，共负救亡责任。抗日战争胜利，大家共享太平。"

1937年9月2日，八路军第120师在陕西富平县庄里镇举行抗日誓师大会，朱德、任弼时出席会议并发表重要讲话。针对一些干部和战士对红军改编为国民革命军后想不通的状况，贺龙说："从大革命失败到现在，我已经闯荡了10年，跟国民党斗了10年。现在国难当头，为了国家与民族的生存，共同对付日本帝国主义，我愿带头穿国民政府发的衣服，戴青天白日帽徽，和国民党部队统一番号。这样，看起来我们的外表是白的，但我们的心却是红的，永远是红的。"

1937年9月6日，八路军总部在陕西泾阳县云阳镇大操场举行出师抗日誓师大会，朱德率领全体指战员宣读《八路军出师抗日誓词》："……为了民族，为了国家，为了同胞，为了子孙，我们只有抗战到底。我们是工农出身，不侵犯群众一针一线，替民众谋福利，对友军要友爱，对革命要忠实。如果违反民族利益，愿受革命纪律的制裁，同志的指责。谨此宣誓。"

1937年8月下旬至9月底，八路军三个师的主力陆续开赴华北抗日前线。挺进敌后的八路军，积极配合国民党军队作战，相继取得了平型关战役、雁门关伏击战、阳明堡战斗的胜利。

1937年9月25日，八路军第115师在林彪、聂荣臻的指挥下，利用平型关居高临下的有利地势，歼敌1000余人，击毁敌车100余辆，缴获大量武器。平型关战役打破了日军"不可战胜"的神话，振奋了全国军民抗战的信心。

为了支援友军的正面战场防御作战，1937年10月18日，八路军第120师在师长贺龙指挥下，在雁门关以南伏击日军运输队，毙伤敌300余人，击毁敌汽车20余辆。

与此同时，1937 年 10 月 19 日，八路军第 129 师第 769 团第三营出其不意，袭击阳明堡日军机场，毁伤敌机 20 余架，消灭敌守备队 100 余人。

　　八路军各部的积极作战，削弱了日军的有生力量，迫使敌人不得不以相当的兵力守备后方，这大大减轻了正面迎战日军的国民党守军的压力。

　　1937 年 10 月 12 日，根据国共两党代表经谈判达成的南方红军游击队改编为抗日武装的协议，国民政府军事委员会宣布南方 8 省 14 个地区的红军游击队改编为国民革命军陆军新编第四军。军长叶挺、副军长项英、参谋长张云逸、政治部主任袁国平。改编后的新四军出师抗日，向南京、丹阳、芜湖等华中敌后地区挺进，开创抗日根据地，为抗日战争的胜利做出了重大贡献。

道德楷模徐特立

文物：徐特立照片

　　我们都知道，毛泽东建立了新中国，田汉写出了新中国的国歌歌词，除此之外，这两人好像交集不多。其实，他们还有一个更大的交集，就是拥有共同的老师：徐特立。

　　徐特立，湖南长沙人，毛泽东最尊敬的老师，著名的"延安五老"之一，也是五人中年龄最大的，他生于 1877 年，比毛泽东大了 16 岁。

　　看徐特立留下来的照片，都是一副和蔼可亲、谦谦君子的形象，但其实，徐特立在年轻时也是一位热血青年。

　　1907 年，清政府腐败无能，丧权辱国，徐特立当时是长沙周南女校的老师，他操着一把菜刀，怒气冲冲地走上讲台，痛斥清政府的腐败。说到激动时，徐特立拿起菜刀，猛地剁掉了自己左手的一根手指，用断指写下了八个大字："驱除鞑虏，恢复中华"。

▲ 徐特立

这件事轰动了整个湖南，谁都没想到这么一个文弱书生，竟能做出如此壮烈的事情。

进入不惑之年后，徐特立原本可以安稳地当他的教员，领一份稳定的薪水，可他还想干一番事业，就于42岁时去法国留学，是所有留法学生中年龄最大的。

1927年4月蒋介石发动四一二反革命政变，大革命遭受严重失败，在那个白色恐怖环境下，徐特立主动要求加入中国共产党。这一年他已经50岁了。

徐特立名气很大，国民党想拉他下水，派人劝徐特立不要跟着共产党走。徐特立却说："我知道跟着共产党，有杀头的危险，但跟着你们，只能遗臭万年。"

长征时组织送给他一匹马，但徐特立坚决不搞特殊，看到哪位战士受伤了，徐特立就请这位战士骑。二万五千里长征，徐特立骑马的里程最多不超过3000里，剩下的路程都是他自己走完的。

红军血战湘江时，损失惨重，有的战士一度失去了信心，想离开红军。徐特立不顾身体衰弱，强撑着爬到山坡上，挥舞着胳膊，鼓励战士们不要失去信心。小伙子们看到50多岁的徐老都这么坚强，自己更不能当孬种，一些已经走掉的战士又扭头回来，跟着红军继续走。

1937年徐特立六十大寿时，毛泽东满怀深情地给他写了一封贺信，信中说："你是我二十年前的先生，你现在仍然是我的先生，你将来必定还是我的先生。"信中还高度称赞他"懂得很多而时刻以为不足"的学习精神。1947年徐特立七十大寿时，中共中央给他的贺信中写道："你对自己是学而不厌，你对别人是诲人不倦，这个品质使你成为中国杰出的革命教育家。"

在党内，徐特立是公认的道德楷模，朱德称他为"当今一圣人"，周恩来说他是"人民之光，我党之荣"，刘少奇说"共产党拥有徐特立，是莫大的光荣。"

1957 年徐特立八十大寿，亲朋好友决定用自己的工资给他摆寿宴，可徐特立不想让大家破费，他说："咱们国家还很穷，这么大吃大喝，不是给我徐特立脸上抹黑吗？"正好湖南要开人代会，他要回去一趟，赶紧"逃"出了北京。可到了长沙，他的亲朋故旧更多，徐特立态度坚决："这寿辰我不能过，过了就对不起人民。"徐特立又买了去广州的票，他的八十大寿，就是在列车的隆隆声中度过的。

作为一名老党员，一名党的高级干部，徐特立时刻不忘保持党的优良作风，为我们树立了光辉的榜样。

人人争识林老头

文物：续范亭诗词

文物：林伯渠照片

　　大家看到的这张照片是"延安五老"之一的林伯渠，旁边是爱国将领续范亭赞誉他的诗。

　　林伯渠，原名林祖涵，字邃园，号伯渠。1886 年 3 月 20 日出生于湖南临澧，1921 年加入中国共产党。他是中国共产党最早的一批党员，曾受党中央派遣到莫斯科中山大学学习，先后任中华苏维埃共和国临时中央政府国民经济部部长、财政部部长。后继任陕甘宁边区政府主席，对陕甘宁边区的巩固与发展做出了重要贡献。他多次担任国共谈判的中共代表，后又任国民参政会参政员，积极开展抗日民族统一战线工作。

　　"年来足迹遍神州，革命先锋一老牛"是林伯渠张贴在床头的座右铭。他是这样说的，也是这样做的。

　　1938 年 11 月 20 日，延安城遭日本飞机疯狂空袭，到处

▲ 林伯渠

◀ 续范亭诗词

墙倒窑塌、碎石瓦砾，一片废墟。望着无家可归的老百姓和倒塌的商铺，林伯渠心急如焚。为了尽快解决老百姓的居住和生活问题，他带领边区建设厅的负责同志和技术人员勘察地形，他们的足迹踏遍了延安周围的沟沟峁峁，最后选定了一块叫孤魂沟的地方作为商业新址。孤魂沟，从字面上就可想而知，是一个荒无人烟的地方，但从市政建设来说，这里饮水、防空、交通条件都比较理想。有人反对，林伯渠耐心解释："不好的可以改造好，不美的地方可以美化啊！"在他的带动下，党政军民齐动手，打窑洞、盖房子，很快就使群众安居乐业。经过几年的建设，这里的面貌焕然一新，商业也得到恢复和发展，合作社、商号、店铺、风味饭馆应有尽有，生活便利，逐渐成为延安最繁华、最热闹的新市场，被时人称为"我们的列宁格勒"。林伯渠还应延安市市长李景林之请，为新市场题写了"南市"两个苍劲有力的大字。

大生产运动中，林伯渠率先垂范，给自己也制订了一个生产计划，并张贴在边区政府门前的墙报上，让大家监督。一位外国记者看了后，很受感动，悄悄把这个计划抄录下来，并怀着好奇、敬仰的心情，采访了林老。在林老的住处，只见窑洞里只有一盘炕，炕上的被子打满了补丁，一张破旧的小方桌，桌边放着几把半旧的椅子。此时，林老正坐在椅子上，埋头缝补一条旧裤子。他笑着对记者说："中国有句俗话'新三年，旧三年，缝缝补补又三年。'我这条裤子，才穿了三年半呢！"外国记者提出要看看他种的菜地，于是林老便拄着手杖，带他来到了延河边的一块滩地上。外国记者蹲下身，抚弄着地里嫩绿的秧苗，赞不绝口："真是名不虚传！你们不仅发动群众干，而且还坚持自己带头干，说到做到，真是了不起啊！我要把这里的一切告诉全世界。"

晚上，这位记者在河边散步，碰见一老一少各背一捆马兰草，走近一看，是林伯渠和他的警卫员。这位记者深受震撼，大声说："主席先生，在这里，从你们身上，我看到了中国的光明和希望！"

"人人争识林老头，亲切有如家人父。灯前细谈几件事，米面油盐棉花布。"这是爱国将领续范亭对林伯渠的赞誉，也是对林伯渠为民情怀的生动写照。

红色摇篮　历久弥新

文物：毛泽东题词：好好的保育儿童

文物：朱德题词：耐心的培养小孩子

在延安革命纪念馆的陈列大厅里摆放着两块石刻：一块刻有毛泽东题词"好好的保育儿童"，石刻纵35厘米，横125厘米，高11厘米；另一块刻有朱德题词"耐心的培养小孩子"，石刻纵35.5厘米，横127厘米，高6.5厘米。

为了解决奔赴前线的抗日将士家属、烈士遗孤及干部子女的抚养、教育和生活问题，解除他们的后顾之忧，在中国共产党人的倡导下，经周恩来、王明、邓颖超、宋庆龄等呼吁并联合各界人士，于1938年3月10日在汉口圣罗以女子中学成立了中国战时儿童保育会，宋庆龄出任理事长。同年7月4日，陕甘宁边区战时儿童保育分会在延安成立，杨芝芳任主任，丑子冈任秘书。

1938年9月5日，陕甘宁边区战时儿童保育分会决定筹建陕甘宁边区战时儿童保育第一院，即延安第一保育院，并就

▲ 毛泽东题词：好好的保育儿童

▲ 朱德题词：耐心的培养小孩子

其创立、经费、院址、保育工作状况等做了全面安排。同年 10 月 2 日，陕甘宁边区战时儿童第一保育院在延安南柳林（1937 年 3 月成立的延安托儿所旧址）正式成立，并举行盛大典礼。毛泽东题词"好好的保育儿童"。后为防止日军飞机轰炸，保证儿童的安全，保育院于 11 月 10 日迁往延安北 75 华里的安塞县（今延安市安塞区）小草峪村。1938 年年底，边区政府将已经疏散到安塞吊儿沟、茨儿沟的边区中学附属小学并入保育院。由于小草峪村地势狭小，环境闭塞，不能满足保育院发展需要，加之人数过多，给群众生活带来诸多不便，1940 年年初，边区政府决定在延安城北李家圪建新址。同年秋，李家圪新址落成，保育院于 9 月迁至李家圪，陶渠波任院长。从此小学部、幼儿部各有校址。在新址挂有边区保育分会和边区第一保育院的牌匾，朱德为保育院新址题词："耐心的培养小孩子"，林伯渠题词："新的战士在孕育中"，各领导人的题词分别被镶嵌在新窑洞的拱形门额上，成为保育院的办学宗旨。

正当保育院欣欣向荣、蓬勃发展之际，1947 年 3 月，国民党胡宗南部进犯延安，保育院在党中央的亲切关怀下，撤离延安，东渡黄河，于 1947 年 7 月安全到达晋察冀边区，1948 年又返回延安。中华人民共和国成立后，边区第一保育院迁至西安，称为西北儿童保育院，1955 年更名为西安市第一保育院。

1959 年 12 月，在延安第一保育院旧址李家圪，这两块石刻被挖掘出土，作为国家一级文物珍藏于延安革命纪念馆，用以启发年轻的一代，让我们深知中国革命胜利的来之不易，教育我们应该用双肩挑起时代的重担，不忘初心，继续前进。

时代印记——延安保育院

在延安革命纪念馆三楼展厅，展出着一组与陕甘宁边区教育紧密相关的文物——学生们用桃核做的一个算盘，在它旁边的是一个练习写字用的沙盘，以及延安保育院的文件等。

这组文物把我们带回到 80 多年前的延安。当时，由进步人士、社会团体和陕甘宁边区政府发起，成立了陕甘宁边区儿童保育院，负责接收、培养陕甘宁边区干部、军人的子女和革命烈士的遗孤，后来成为著名的延安保育院。保育院的学习和生活内容十分丰富，除了文化课外，站在山坡上合唱、坐在院落中游戏，都是孩子们喜欢的课余活动。

有一次，来延安参观访问的路透社记者武道在观看完孩子们表演的《黄河大合唱》后，将镜头对准了院长的儿子赵战生小朋友。武道伸出胳膊亮出他的手表向赵战生夸耀说："好看不好看？"赵战生抬头看了看那亮闪闪的手表，脸上露出了喜色，

▲ 桃核做的算盘

▲ 沙盘

▲ 延安保育院文件

刚要说好看，话还没出口立刻又咽了回去，收起了脸上的笑容把头转了过去。记者紧接着问："喜欢吗？要是喜欢我就送给你。"说着就准备摘手表。保育院的娃娃，如何应付这场面，真让旁边的叔叔、阿姨着急！小战生又抬头看了手表一眼，出乎记者意料地摇了摇头，坚决地大声说："不要！如果我长大了工作需要，公家会发给我的。"说完就想走开。记者又问："那么，你长大了做什么呢？"小战生回答得更加响亮："长大了像爸爸、妈妈一样，当人民的勤务员。"这一句话使当时在场的饱经世故的中外记者目瞪口呆。他们料想不到的是，这话竟是出自一个延安保育院孩子之口，他们也实在弄不懂，这些小孩子是如何被教育出来的……

在艰苦的革命岁月中，孩子们需要时常随部队转移，从小就磨炼出坚强的意志和吃苦的精神。长大后，他们也纷纷走向不同的战场，成为革命者。在 1947 年胡宗南进攻延安时，延安保育院将这些孩子装在毛驴驮运货物的篮框里，转运到北京，因此延安保育院被誉为"马背上的摇篮"。

那一时期，陕甘宁边区政府提倡每个人要识 1000 个字，每个乡要有一处民办学校或夜校，由此可见，当时边区政府对边区教育事业的重视。除此之外，在延安革命纪念馆中，还陈列着当时领导人关心儿童成长的题词"好好的保育儿童""耐心的培养小孩子"等。边区教育事业的建立和发展，为革命事业培养了大量后备力量。延安，也成为名副其实的革命摇篮。

一本珍贵的图书——《延安一学校》

文物：程今吾著《延安一学校》

　　这本书为长方形，右侧装订，白色报纸质地，正文为黑色铅印字，自右向左竖排，满页为 16 列，每列 39 个字。这本书的书名为《延安一学校》，作者是程今吾，1948 年 10 月由华北新华书店发行的初印版本，书本为 32 开，全文 174 页，印数 2000 册。

　　书的封面以蓝色为主，右侧上部有长 10.3 厘米、宽 7 厘米的黄黑色木刻版画，版画以陕北窑洞为主要背景，错落有致的窑洞巧妙地表现了陕北地区传统的居住方式，路边的房子又颇具南方建筑特点，间接地反映了延安时期南北建筑风格相融合的居住风格，路上为数不多的人物既说明了环境的清幽，又彰显了宁静中的活力。

　　全面抗战爆发后，中国工农红军改编为八路军奔赴华北抗

▲ 程今吾著《延安一学校》

日前线，我党我军的许多领导人和高级将领率军出征，有不少人都是夫妻双方奔赴前方，他们的孩子大多寄养在老乡家中。1941 年 8 月，为了让前方浴血奋战的将士们能够安心抗战，延安创办了"八路军抗属子弟学校"，专门收容留在陕甘宁边区的革命军人和工作人员子女，让他们接受相对良好的教育。开始的时候，学校仅有四五十个孩子，到 1945 年学生人数超过了 220 名。这些学生的家长，有的在前方作战，有的在边区机关工作，也有的为革命献出了宝贵的生命。学校规模虽然不大，但学生的学习和生活都在学校里，所以这所学校实际上还可以说是一所革命军人子女的保育院。

《延安一学校》的作者程今吾，是中国近现代教育家。1908 年 8 月 1 日出生于安徽省嘉山县明光镇，原名程蕴璋，曾用名程洁声、沈文星、程万里、程宁远、宁越。1929 年下半年考入陶行知主办的南京晓庄试验乡村师范，接受了先进的思想教育。1930 年晓庄师范被查封后，陶行知安排他从事乡村教育工作，其间，他大量宣讲了鲁迅的《野草》、高尔基的《海燕》《我的大学》和《给初学写作者的一封信》等文学著作。1936 年，改名为程今吾，取《论语》中"始吾于人也，听其言而信其行；今吾于人也，听其言而观其行"之意。1938 年 3 月加入中国共产党，1944 年春到延安，1944 年 9 月到 1946 年 3 月任八路军抗属子弟学校校长兼党支部书记。这本书介绍的就是这所学校从 1944 年 9 月到 1946 年 3 月的那段历史。

《延安一学校》是程今吾于 1946 年 4 月在延安邓家沟创作，1947 年 7 月于太行武安大井村修改完毕。全书的章节共分为"是一所革命军人子女保育院""要把生活搞得合理""经过四年八月，每个孩子都平安""生产劳动""社会活动""游戏""建设和创造""思想教育""纪律教育""课程""教育活动""师生之间""工作和做工作的人"13 个部分，全面、详细地介绍了这所学校当时的情况。

　　通过这本珍贵的书籍，我们可以了解到中共中央及陕甘宁边区政府对革命军人子女教育、保育的真实情况，其课程设置与教材使用、教学方法与训导方法等，对我们新时代学校的教学育人仍然具有重要的借鉴与启示意义。

人民电影的先锋——吴印咸

文物：吴印咸照片

　　1938 年的秋天，虽然树叶开始泛黄，秋风带来微凉，但对于青年艺术家吴印咸来说却是他生命中的春天，因为这时的他怀着满腔的爱国热情来到了延安，开始了为党的电影事业奋斗一生的历程。

　　那是 1938 年夏天，正在为了生存而各地奔波的吴印咸，接到袁牧之邀请他到武汉的电报。原来是在武汉工作的周恩来副主席邀请他们到延安、陕甘宁边区和华北敌后拍摄反映共产党领导下的抗日军民生活与战斗的纪录片《延安与八路军》。吴印咸毅然决定：接受邀请，到延安去！

　　1938 年 8 月 18 日，在周恩来的亲自关怀下，吴印咸和袁牧之来到延安。9 月初，中国共产党领导的第一个红色电影机构——八路军总政治部电影团在延安成立，简称延安电影团。

▲ 吴印咸

延安电影团创立之初只有6人，其中从事过电影工作的只有袁牧之、吴印咸以及他的助手徐肖冰，吴印咸担任该团技术及摄影负责人。1939年后，吴本立、马似友等人相继调入延安电影团。

当时电影团的设备极为简陋，全部机器是"两动三呆"。"两动"就是袁牧之从香港采购的电影拍摄器材和荷兰国际友人伊文思赠送的摄像设备；"三呆"是吴印咸在武汉倾囊购置的三台照相机，加上16000英尺的35毫米胶片和一些洗印药品。然而，就是这几位青年，用这样简陋的设备，凭着满腔的爱国热情、凭着勇往直前的创业精神，冒着日军的炮火，穿过国民党的封锁线，相继拍摄了《延安与八路军》《南泥湾》等大型纪录片，用镜头真实记录了中国共产党带领人民军队和人民群众创造辉煌业绩的生动画面，形成了勇于创新的"延安电影团精神"，树立起人民电影史上不朽的丰碑。

刚刚成立的电影团设备奇缺，吴印咸把器材看得简直比自己的生命还重要。一次，吴印咸刚把摄影机拆开，准备对机器进行检修，突然敌机来袭，一颗炸弹落在不远的地方爆炸了，气浪震塌了屋角，尘土、碎石铺天盖地地砸了下来，吴印咸不顾个人安危，一个箭步扑到已经拆开的机器上……好一会儿，敌机远去了，他从尘土中爬起来，仔细地检查机器，当他发现机器连一颗螺丝钉都没有丢失时，脸上露出欣慰的笑容。此事惊动了中央，周恩来、谭政亲自到电影团慰问吴印咸。

1938年10月1日，大型纪录片《延安与八路军》正式开拍。这是延安电影团拍摄的第一部影片，也是延安时期的第一部纪录片。带着毛泽东的嘱托，吴印咸和摄制组的同志们，奔赴华北抗日根据地，在枪林弹雨中拍摄了大量的电影资料，留下了许多感人至深的经典瞬间。

抗日战争胜利后，延安电影团赴黑龙江鹤岗建立了东北电影制片厂。1953年7月，中央新闻纪录电影制片厂在北京宣告成立。

凝固在胶片上的瞬间，筑起了中国共产党和人民军队成长的伟大历程。今天，当我们翻看那段记录在胶片上的岁月时，更加敬佩延安电影团的前辈们为人民电影事业而奋斗的精神。难忘的岁月，永远使人怀念；难忘的岁月，永远催人奋进！

"决定中国之命运"的六届六中全会

文物：中共六届六中全会主席团成员合影

  我们现在看到的这张照片是中共扩大的六届六中全会主席团成员合影。前排左起：康生、毛泽东、王稼祥、朱德、项英、王明；后排左起：陈云、博古、彭德怀、刘少奇、周恩来、张闻天。

  中共六届六中全会正确分析了抗日战争的形势，规定了党在抗战新阶段的任务，为实现党对抗战的全面领导进行了全面战略规划，首次提出了马克思主义中国化的命题，进一步确定了毛泽东在全党的领导地位。

  1937年7月7日，卢沟桥事变爆发，日本帝国主义全面侵华，在这民族危亡的紧要关头，中国共产党高举武装抗日旗帜，于1937年8月22日至25日在洛川冯家村召开的中央政治局扩大会议上，通过了《抗日救国十大纲领》，号召全民族团结一致、共赴国难，促成了国共第二次合作和抗日民族统一战线的形成，

▲ 中共六届六中全会主席团成员合影
（左起：毛泽东、彭德怀、王稼祥、张闻天、朱德、博古、王明、康生、项英、
刘少奇、陈云、周恩来）

▲ 延安桥儿沟鲁艺全景

取得了平型关战役、雁门关伏击战、阳明堡战斗大捷。

但是，1937 年 11 月，从苏联回到延安的王明，不了解中国抗战的实际情况，以共产国际派来的"钦差大臣"自居，提出"一切经过统一战线""一切服从统一战线"等错误主张，否定了洛川会议的路线和政策。

中国抗战将走向何方？

在这命运攸关之际，为了总结抗战以来的经验教训，确定中国共产党在抗战新阶段的基本方针和任务，并把全党的认识统一到正确的思想上来，中国共产党召开了扩大的第六届中央委员会第六次全体会议。

1938 年 9 月 29 日至 11 月 6 日，中共扩大的六届六中全会在延安桥儿沟召开。参加这次会议的中央委员和候补中央委员 17 人，中央各部门和各地区领导干部 39 人。这是中共第六次全国代表大会以来出席人数最多、讨论问题最深入的一次全会。

全会听取了王稼祥传达的共产国际指示，共产国际执委会总书记季米特洛夫认为，中共一年来建立了抗日民族统一战线，政治路线是正确的，中共在复杂的环境和困难的条件下真正运用了马列主义；明确指出中共中央领导机关要以毛泽东为首解决统一领导问题，领导机关要有亲密团结的空气。

毛泽东代表中央政治局向全会做《论新阶段》的政治报告，并做了《统一战线中的独立自主问题》《战争和战略问题》的结论。强调全面抗战和坚持党在统一战线中的独立性，强调党的民主集中制的组织原则，强调坚持基本游击战的战略方针，提出了实事求是的思想路线和"使马克思主义在中国具体化"的科学命题，开启了马克思主义中国化的进程。

会上，张闻天做了《关于抗日民族统一战线与党的组织问题》的报告，周恩来做中央代表团工作报告，朱德做八路军工作报告，项英做新四军工作报告，陈云做青年工作报告，刘少奇做关于党规党法的报告。

全会运用马列主义基本原理，科学总结了我党 17 年经验特别是抗战以来的经验，正确分析了抗战发展趋势和目前形势，规定了党在抗战新阶段的任务，为实现党对抗日战争的领导进行了全面的战略规划，通过了《中共扩大的六中全会政治决议案》。全会基本上克服了抗战初期王明的右倾错误，批准了以毛泽东为代表的中央政治局的路线，进一步确定了毛泽东在全党的领导地位；会议重申了党的纪律，统一了全党步调，从政治上、思想上和组织上为实现党对抗日战争的领导奠定了基础，推动了各项工作的迅速发展。

延安窑洞有马列主义

文物：延安窑洞照片

　　窑洞是中国北部黄土高原上居民普遍而特有的一种居住场所，最初人们是利用天然的洞穴借以栖身，后来在黄土坡上挖出比较整齐、规则的窑洞。

　　1935 年 10 月，中央红军长征到达陕北，毛泽东等老一辈无产阶级革命家就在这土窑洞里生活、战斗了十三个春秋。窑洞，虽然没有楼房那样高大雄伟，但它却成为一种崇高思想的发源地，成为革命的象征和胜利的希望。

　　1938 年 10 月 12 日，毛泽东在中共六届六中全会上代表中央政治局向全会所做的《论新阶段》报告中向全党提出了"马克思主义中国化"的著名论断，推动全党掀起了学习马列主义的热潮。

　　1940 年年底，许多将士从前线回延安到中央党校学习，他们大多是从抗日前线返回的，过惯了紧张的战斗生活，一时

▲ 延安窑洞

难以适应延安窑洞的学习、生活。毛泽东知道后，教导他们说："听说你们蹲不惯延安的土窑洞，这是要不得的，延安的窑洞是最革命的，延安的窑洞有马列主义，延安的窑洞可以指挥全国的抗日斗争。别看蒋介石现在比我们住的阔气，有高楼、有洋房、有电灯，可是，全国人民都不听他的，全国人民把希望都寄托在我们身上，寄托在延安的土窑洞里。"毛泽东还特别强调："没有大量的真正精通马克思列宁主义革命理论的干部，要完成无产阶级革命是不可能的。"毛泽东的谆谆教导像一盏盏明灯，照亮了大家前进的道路，数以万计的革命战士在延安的"窑洞大学"里迅速成长。

为了学习、宣传马列主义，提高全党的马列主义水平，毛泽东带头学习马列、宣传马列。在凤凰山麓的窑洞里，毛泽东夜以继日地创作了《实践论》《矛盾论》；还是在凤凰山麓的窑洞里，毛泽东七天七夜不出门，创作了《论持久战》；在杨家岭的窑洞里，毛泽东撰写《新民主主义论》。翻开《毛泽东选集》，一至四卷共收录文章 159 篇，其中延安时期创作的就有 112 篇。

为了写《实践论》《矛盾论》，毛泽东的胳膊得了严重的关节炎；为了写《论持久战》，炭火烧着了他的棉鞋；为了写《新民主主义论》，熬干了多少盏油灯，这些情景，让勤务员不禁落泪。

在延安，毛泽东和许多中央领导把马列主义的普遍原理与中国革命的具体实际相结合，创作了许多经典名篇。美国记者安娜·路易斯·斯特朗在她的访问日记中写道："中共的负责干部住着寒冷的窑洞，凭借微弱的灯光，长时间的工作，那里没有讲究的陈设，很少物质享受，但却住着头脑敏锐、思想深刻、具有世界眼光的人。"

延安窑洞有马列主义，是因为毛泽东等老一辈无产阶级革命家把马列主义的普遍原理同中国革命的具体实践相结合，在延安的土窑洞里形成了毛泽东思想。

延安窑洞有马列主义，是因为毛泽东等领导人创作了大量马克思主义中国化的著作，用以武装干部头脑，指导革命实践，最终完成了中国人民站起来的历史使命。

延安窑洞有马列主义，是因为全党掀起了学习热潮，组建了许多学习团体与学习小组，举办了许多学习讲座，出版了许多马列著作，照亮了中华民族前进的道路。

延安窑洞有马列主义，是因为在这一孔孔黄土窑洞里，党的领袖们写秃了多少支毛笔，熬干了多少盏灯油，耗费了多少心血！正是这一部部浸透着窑洞气息的经典著作，使一个任人宰割的民族迅速崛起，屹立于世界东方。

朋友们，请到毛泽东住过的窑洞里来看一看吧！它将会告诉您我们的今天从哪里来，我们的明天要往哪里去。

版画《抢回粮食》

　　这幅作品是彦涵在太行山亲历日军大扫荡后创作的一幅黑白木刻，也是彦涵的代表性作品之一。它表现的是四位中国农民围绕着"粮食"与敌人展开了争夺战，他们拿起镰刀等农具冲向日本侵略军，从日军手中抢回被搜刮走的粮食的英勇场面。

　　为了表现中国农民面对强敌时毫不退缩、绝不屈服的顽强与勇猛，彦涵在画面中大量运用了三角刀的刀痕来表现画面的急促感和紧张感。整幅作品尺寸很小，但他却以高超的技法，将每一个人物的表情甚至动作细节都精准、细腻地刻画了出来。其中有面对日军表情勇猛的壮汉，有佝偻着身体拿着镰刀的老人，甚至连围着围裙的农村妇女都参加了战斗。他们都是普通的农民，但已经不分老人、妇女、壮年，在危难关头，他们都挺身而出，保家卫国。在这幅木刻作品中，中国人民不畏艰险、同仇敌忾、勇敢抗敌的伟大精神又一次被形象地展现出来。

　　与其他木刻艺术家不同的是，彦涵这一时期的作品充满了

▲ 版画《抢回粮食》（又名《不让敌人抢走粮食》《抢粮》《抢粮斗争》）

彦涵　1943 年　22.1 cm×28.8 cm　现收藏于延安革命纪念馆

强烈的浪漫主义气息，总是能够生动地表现出画面的情节和故事，有着强烈的战斗性，这既源自彦涵自己亲赴前线的经历，又源自他自己骨子里的斗争性。在那个战火纷飞的时代，《抢回粮食》这样的画作表明了中国人民誓死捍卫国家主权的决心和意志，极大地鼓舞了中国人民的抗敌热情和斗志。这是一幅鼓舞人心的画作、是一幅体现中国人骨气的画作！

版画《打击敌人》

文物：版画《打击敌人》

    1938 年，彦涵赴延安参加革命，进入延安鲁艺美术系学习并加入中国共产党。同年 11 月，他参加鲁艺木刻工作团，随八路军开往太行山抗日根据地，并在晋东南鲁艺分校任教。其间，他亲历了两次日军大扫荡，残酷的生活经历将他从一介书生锻造成为一名意志坚强的战士。1943 年春，彦涵回到延安鲁艺美术系，先后担任研究员和教员，并根据自己在太行山抗日根据地的经历，创作了这幅版画《打击敌人》，它生动地展现了抗日战争中，八路军战士与当地老百姓同仇敌忾共同抵御日寇枪林弹雨的真实场景，堪称描绘壮丽悲怆的抗战场景的史诗级作品。

    一个山沟里，7 个人物以人梯的形式出现在作品画面中，其中位于最上方的人物我们可以通过着装和所持枪支确定是一名八路军战士，他正在众人的帮助下奋力地向上攀爬，想要努力看清敌人的位置以便射击。画面的下方是 4 位农民打扮的人

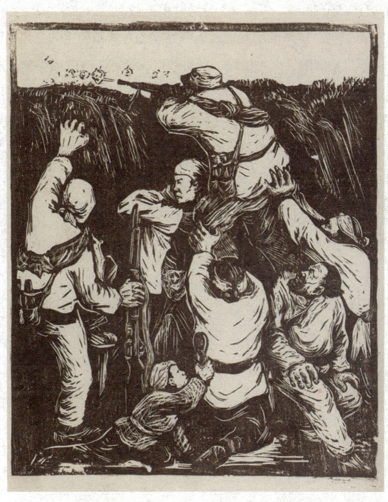

▲ 版画《打击敌人》（又名《当敌人搜山的时候》）

彦涵　1943 年　25.8 cm×19.9 cm　现收藏于延安革命纪念馆

为了保证这位战士能够平稳射击，正在齐心协力、使尽全身力气要将战士托举出战壕。整幅画面中最令人为之感动的是位于最下方半卧于地上、高高举着一枚手榴弹向上传递的孩童，面对如此血腥、残酷的战场，尚未成年的他没有丝毫的胆怯，表现得十分勇敢和坚强。

这令人震撼、感慨的场景通过黑白处理的方式和稳定的三角构图，将中国军民不甘被蹂躏、众志成城、同仇敌忾、誓死杀敌的顽强信念展现得淋漓尽致。

著名木刻家力群曾评价说："这幅木刻绝不是没有生活体验而能凭空想象出来的，它十分正确地用形象说明了抗日根据地的血肉般的军民关系，它有力地鼓舞着人民群众的战斗热情。"

光未然手书《黄河颂》

光未然，原名张光年，现代著名诗人、文学评论家。曾任中国作家协会书记处书记、中国作家协会党组书记。1937 年，光未然受党组织委派由武汉来到上海。在一次歌咏大会上结识了冼星海，从此，他们便开始了极具时代意义的合作。

1938 年 11 月，武汉沦陷后，光未然率领抗敌演剧三队从陕西宜川县的壶口附近东渡黄河前往吕梁山抗日根据地。途中，当他在壶口看到黄河之水翻滚咆哮和船夫与狂风恶浪搏斗的壮观景象，聆听到高亢悠扬的船工号子时，他满怀激情地酝酿着宏大巨篇《黄河吟》。1939 年 1 月，光未然在山西汾西县勍香镇坠马受伤，他再次从永和关渡过黄河，前往延安疗伤。疗伤期间，冼星海前往医院看望光未然，两人见面后，深厚的情谊被再次激发出来，冼星海提议两人再来一次合作。此后连续五天，光未然口述，抗敌演剧三队队员胡志涛笔录，把原来准备创作的长诗《黄河吟》一气呵成地变成了大合唱《黄河吟》的八段

▲ 光未然手书《黄河颂》

1991 年　69.2 cm×179.2 cm　现收藏于延安革命纪念馆

歌词。3月11日，光未然从医院来到了延安南门外的"西北旅社"，带来了刚刚脱稿的大合唱《黄河吟》全部歌词。当天晚上，光未然首次介绍了大合唱《黄河吟》歌词创作的动机、意图、过程和结构。随后，他吟诵了四百行歌词，当吟诵结束的瞬间，掌声响彻整个窑洞。冼星海激动地站立起来，一把将词稿抓在手里说："我有把握把它谱好！"冼星海仅仅用了6天时间，以惊人的速度、过人的才华，奇迹般地创作完成了中国音乐史上空前的大合唱《黄河大合唱》全部曲谱。4月13日，《黄河大合唱》首次在延安陕北公学大礼堂公演，立即引起强烈反响，这部大型合唱作品也由此唱响了延安，唱响了全中国，极大地鼓舞了抗日军民的斗志和爱国热情。

1991年冬，78岁的光未然挥笔写下了这幅《黄河颂》。如今，八十多年过去了，《黄河大合唱》之所以能够成为经典中的经典，不只因为它有着很高的音乐成就和艺术价值，更因为它是一种民族精神的象征。我们不仅要记住《黄河大合唱》的战斗精神，更要汲取它所蕴含的国家之爱、土地之爱、未来之爱，并让它永远流淌在中国人的血脉里。

自己动手 丰衣足食

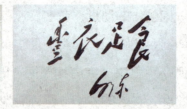

文物：自己动手 丰衣足食（复印文物）

回望延安，那是一个奋发的年代，一个朝气蓬勃的年代。一个党和人民、领袖和群众同甘共苦、相濡以沫，共同创造英雄史诗的年代。徜徉在延安革命纪念馆陈列大厅，心底总会涌出强烈的、难以遏止的感动。这里既能感受到气壮山河的战争风云，又能体会到革命领袖大智大勇的雄韬伟略，还有老一辈革命家与群众同甘共苦的感人故事。

苍茫的陕北高原，沟壑纵横，地瘠民贫，由于国民党的经济封锁加之自然灾害，致使边区军民一度陷入几乎没有衣穿、没有饭吃，冬天没有被子盖的地步。1939 年 2 月，毛泽东在延安党政军生产动员大会上尖锐地指出："饿死呢，解散呢，还是自己动手呢？饿死是没有一个人赞成的，解散也是没有一个人赞成的，还是自己动手吧！"并号召大家"自己动手，生产自给"，

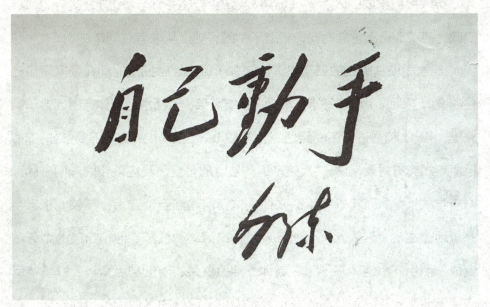

▲ 自己动手（复印文物）

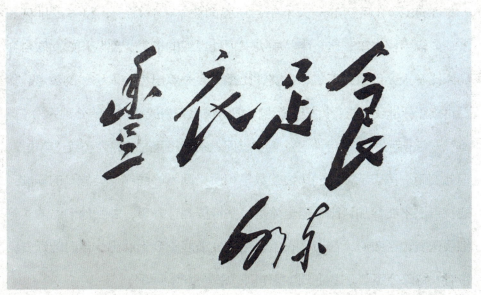

▲ 丰衣足食（复印文物）

这就是我们最响亮的回答。艰难困苦，玉汝于成。巨大的困难并没有吓倒用"特殊材料制成的人"，一场轰轰烈烈的大生产运动和随之实行的精兵简政，使革命再次转危为安，创造了中国历史上从未有过的奇迹。

在物质极其匮乏的日子里，毛泽东于百忙之中抽出时间在杨家岭自己住的窑洞下面的山坡边开了一块地，种植蔬菜。他经常利用休息时间锄草、施肥、浇水，精心进行田间管理。工作人员说他工作忙，劝其不要参加劳动，毛泽东却笑着对大家说："大生产运动是党的号召，我应该和同志们一样，响应党的号召。"年近花甲的朱德从抗日前线回到延安后，不仅成了大生产运动的杰出领导人之一，而且还是生产劳动的模范。他和自己的勤务员组成一个生产小组，开垦了3亩地，种植白菜、南瓜和豆角等，并坚持早晚精管细作，蔬菜长势与收成良好。中央书记处的其他成员也都亲自动手开荒种地。

1943年3月初的一天上午，在枣园树林的广场上，整齐地排列着200多辆手摇纺车，这是中共中央书记处组织的机关、部队和妇女联合会纺织比赛大会。当天下午，竞赛评比委员会先算出每个人纺线的数量，然后再按照标准反复进行比较和衡量，把纺线比赛中成绩优异的分别评为"英雄""突击手"和"能手"三个等次。周恩来和任弼时被评为纺线"英雄"，但他们俩一再表示，他们纺线的数量和质量都不够纺线"英雄"的标准，建议自己不要参加评比，但全体委员坚持按规定办事，并把他们纺的头等细线送交边区政府，在边区农工业生产成绩展览会上展出。当时的延安，没有"特殊公民"，领袖们以身作则，率先垂范。

1943年，八路军总政治部电影团拍摄纪录片《生产、战斗结合起来》（后改名为《南泥湾》）。在电影即将拍完之际，当时任摄影队长的吴印咸到延安中共中央书记处所在地枣园请求毛主席为电影题词，毛主席分别题写了"自己动手""丰衣足食"八个大字。

从"自己动手"到"丰衣足食"，这一过程背后体现的是我党艰苦奋斗的作风。

中共中央和各级领导干部的模范行动，给广大军民树立了榜样，极大地增强了边区军民克服困难的信心。

版画《讨论候选人》

文物：版画《讨论候选人》

1939 年 1 月 17 日至 2 月 4 日，陕甘宁边区第一届参议会在延安陕北公学礼堂举行，会议通过的《陕甘宁边区选举条例》明确规定："凡居住在边区境内的人民，年满 18 岁者，无阶级、职业、男女、宗教、民族、财产与文化程度之区别，经选举委员会登记，均有选举权和被选举权。"从此，妇女获得了选举权和被选举权。

同年 6 月 1 日出版的《中国妇女》创刊号刊载了毛泽东创作的《四言诗·妇女解放》："妇女解放，突起异军，两万万众，奋发为雄。男女并驾，如日方东，以此制敌，何敌不倾？到之之法，艰苦斗争，世无难事，有志竟成。有妇人焉，如旱望云，此编之作，伫看风行。"7 月 20 日，毛泽东在出席中国女子大学开学典礼时，指出："全国妇女起来之日，就是中国革命胜利之时。"因为只有全国妇女都起来了，革命

▲ 版画《讨论候选人》

张望　1945 年　16.6 cm×18.1 cm　现收藏于延安革命纪念馆

才能取得成功。边区妇女获得政治权利就是妇女们站起来的第一步。但由于那时人们的识字率较低，特别是妇女的识字率更低，为了保证选举过程的公正、透明，边区群众创造了投豆、画圈、画杠、燃香在纸上烧眼等适合普通民众且极具乡土特色的选举办法。因此，当时在陕甘宁边区就流行着这样一首《豆豆诗》："金豆豆，银豆豆；豆豆不能随便投；选好人，办好事；投在好人碗里头。"

张望的这幅《讨论候选人》就是以妇女得解放、获得选举权和被选举权、获得参政权为视角，通过记录抗战时期陕甘宁边区老百姓选举人民代表这一事件，为我们描绘了一个边区妇女翻身做主人、扬眉吐气的和谐场景。从画面内容来看，以炕上的桌子为视觉中心，作品刻画了姿态各异的女性，她们占满了整个画面，并且围绕着桌子形成一个半圆，准确地表达了一种热议的氛围和场面；左上角的黑板上所书写的"选好人　办好事"六个醒目的大字，直接点名了作品的主题。

一部启迪后人的经典之作

文物：刘少奇著《论共产党员的修养》

　　今天我们要给大家介绍一部看似普通却绝不简单的经典著作。它纸面粗糙、微微泛黄，却字字珠玑、句句经典，习近平总书记称它为"保持共产党员先进性的教科书"。虽然它只有4万多字，但却先后印刷数十次，发行量数以千万计。这就是刘少奇同志所写的《论共产党员的修养》。

　　1937年全面抗战爆发后，大批不愿做亡国奴的爱国青年从全国各地奔赴延安，寻求抗日救国真理。为适应形势的变化和抗战的需要，我党采取了大量发展党员的方针，大批优秀分子和进步青年纷纷加入中国共产党。这时，如何引导新党员树立正确的人生观、世界观，保持党的纯洁性，促进党的队伍健康成长，成为中国共产党面临的极其重要的问题。在这样的背景下，1938年11月，刘少奇在河南渑池一个简陋的砖瓦房里写下了《共产党员的修养》演讲提纲和部分初稿，1939年7月8日和12日，

▲ 刘少奇著《论共产党员的修养》

刘少奇在延安马列学院就加强党员修养问题以《论共产党员的修养》为题做了演讲。后来，经多次修改，最终成为马克思主义中国化的重要文献——《论共产党员的修养》。

《论共产党员的修养》共讲述了九个方面的内容，它第一次系统阐述了共产党员的党性锻炼和修养的问题，明确指出共产党员为什么要进行修养、什么是修养、如何进行修养以及修养的标准，特别是强调了"一个共产党员，在任何情况下，能够不能够把自己个人的利益绝对地无条件地服从党的利益，是考验这个党员是否忠于党忠于革命和共产主义事业的标准。"

无论是在战争年代，还是在社会主义建设时期，这本书都发挥着巨大的作用，它指引着无数共产党员成长，也叩问着每一位共产党员的灵魂。在狼牙山五壮士遗物中，人们发现了《论共产党员的修养》，在党的利益和个人生命之间，五壮士毅然选择跳下悬崖、舍生取义；在渣滓洞冰冷、阴暗、潮湿的牢狱中，满身伤痕、坚贞不屈的江姐背诵和默写了《论共产党员的修养》，带领难友们一遍遍学习，她用自己 29 岁的生命践行了"党员个人利益无条件服从党的利益"的初心使命；在雷锋的驾驶室里，人们看到了《论共产党员的修养》，这本书指引着雷锋舍己为公、无私奉献、全心全意为人民服务；在焦裕禄的病床上，人们也看到了《论共产党员的修养》，"人民的好公仆"焦裕禄正是以这本书为行为准则，为了党和人民的事业鞠躬尽瘁，死而后已。2020 年，一场疫情席卷神州大地，无数优秀共产党员在人民安危和个人利益面前，毅然决然地逆向而行，奔赴疫区，面对危险，奋战在抗疫最前线，践行着共产党员的修养，谱写着新时代的英雄壮歌。

80 多年来，《论共产党员的修养》这本书一直是推动我党自身建设最有影响的著作之一，一代代中国共产党人，正是从这本书中汲取智慧和力量，淬炼自己的思想和灵魂，在不同历史时期，为党的事业奉献着自己的生命和力量。今天，它依然是共产党人前行的指路明灯，指引着我们为实现中华民族伟大复兴的中国梦而不忘初心、砥砺前行。

白求恩的故事

文物：白求恩在前线为伤员做手术照片

在延安革命纪念馆展览大厅里陈列着这样一张历史照片，照片中的主人公是诺尔曼·白求恩，他弯腰工作的这个侧影深深地印在了中国人的脑海里，也深深地感动了整个世界。

这张照片拍摄于 1939 年 10 月，也是白求恩最后一张工作照片。当时，他正在河北涞源县摩天岭前线为伤员做手术。当最后一个腿部受伤的年轻战士被抬上手术台时，已是第二天了，杂乱的枪声已经到了村边，哨兵又来催促："敌人快进村了，赶快转移。"伤员也恳求白求恩："不要管我了，赶快转移。"而白求恩却对伤员说："我的孩子，谁也没有权力将你留下，你是我们的同志。"说着，他加快进度，不假思索地把左手伸进伤员的伤口里掏出碎骨，却不小心扎破了自己的手指，他迅速将手指简单地包扎后，又继续为伤员处理伤口，直到缝完最后一针他才离开。然而，就是这一次手指被划破，被细菌感染，

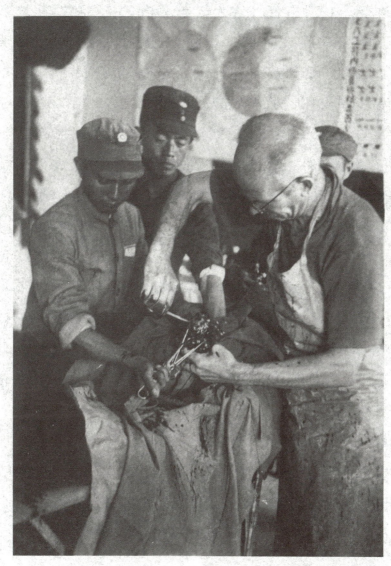

▲ 白求恩在前线为伤员做手术

转为败血症，导致后来病情恶化，医治无效，于 1939 年 11 月 12 日凌晨在河北唐县黄石口村不幸去世，终年 49 岁。

诺尔曼·白求恩出生于加拿大安大略省格雷文赫斯特镇的一个牧师家庭，医学博士，著名胸外科专家，其独创的胸外科医术在欧美医学界曾享有盛名。他出生于上层社会，却加入了共产党，为了支持中华民族的抗日事业远渡重洋来到中国，在烽火连天的抗日根据地忘我工作。

1939 年 2 月，白求恩率 18 人的"东征医疗队"到冀中前线救治伤员，他不顾日军炮火威胁，连续工作 69 小时，给 115 名伤员做了手术。短短 4 个月里，行程 1500 余里，做手术 300 余次，建立手术室和包扎所 13 处，救治伤员 1000 多名。白求恩从 1938 年来到中国至 1939 年 11 月 12 日染病去世，五百多个日日夜夜里，他凭借着坚定的共产主义理想信念和舍己为人的奉献精神，为中国人民的解放事业做出了重大贡献。

白求恩牺牲后，毛泽东在《纪念白求恩》一文中说："一个外国人，毫无利己的动机，把中国人民的解放事业当作他自己的事业，这是什么精神？这是国际主义的精神，这是共产主义的精神。"并且号召每一位共产党员都要学习白求恩，做一个高尚的人，一个纯粹的人，一个有道德的人，一个脱离了低级趣味的人，一个有益于人民的人。

白求恩离开了我们，但他的精神却永远活在了中国人民的心中，生活在这个时代的我们仍然需要具有白求恩这样的崇高信念和人生追求。一个人的生命是有限的，然而，一个高尚的灵魂却能超越时代而永生。

军威壮歌

　　"向前！向前！向前！我们的队伍向太阳。脚踏着祖国的大地，背负着民族的希望，我们是一支不可战胜的力量。我们是工农的子弟，我们是人民的武装，从无畏惧，绝不屈服，英勇战斗，直到把反动派消灭干净，毛泽东的旗帜高高飘扬。听！风在呼啸军号响。听！革命歌声多嘹亮！同志们整齐步伐奔向解放的战场，同志们整齐步伐奔赴祖国的边疆。向前！向前！我们的队伍向太阳，向最后的胜利，向全国的解放。"

　　朋友们，这支嘹亮的军歌大家一定听过吧，每当我们看到中国人民解放军在雄壮的军歌声中，迈着矫健的步伐接受检阅时，心中油然而生一种自豪和敬意，仿佛自己也身临其境。可是，你知道这首歌的来历吗？

　　这首歌原名叫《八路军进行曲》，由词作家公木和音乐家郑律成共同创作。

▲ 郑律成

▲ 著名音乐家郑律成在延安指挥演唱《延安颂》

郑律成，1914 年 8 月出生于朝鲜。1938 年 4 月，在他才 24 岁时就将莫耶作词的《延安颂》谱成了经久传唱且被列入 20 世纪华人音乐经典的《延安颂》。

公木，原名张永年，早年上大学时参加过学运和左翼作家联盟，曾两次被捕。1938 年，他从晋绥前线抵达延安，在抗大学习了十个月后，留在抗大宣教科工作。恰好这时，郑律成也于 1938 年年底调到抗大从事音乐工作，两人同住在延安的土窑洞里。

有一天，郑律成偶然发现公木笔记本上的一首小诗，便给它谱了曲，然后，再用他那带着浓重的朝鲜族音调唱给公木听。歌曲优美动听，公木紧紧抓住郑律成的手，激动得半天都说不出话来，这是他们的首次合作。从那以后，郑律成就常常催促公木多写词，他说："你是从前方回来的，经历过战地生活，让我们携手合作，为八路军歌唱吧！"

抗日烽火燃遍祖国大地，八路军将士们英勇杀敌。两位年轻的艺术家，把满腔的热情化作了强烈的创作欲望。这时，正遇诗人光未然与作曲家冼星海共同创作《黄河大合唱》，这一下更加鼓起他们的创作勇气。郑律成建议，我们也搞一部大合唱吧，并且提出了"八路军大合唱"的命题。就这样，经过一周的时间，公木就写出了《八路军军歌》《八路军进行曲》《快乐的八路军》《炮兵歌》《骑兵歌》《冲锋歌》《军民一家》，加上原来的《子夜岗兵颂》一共 8 首。为了谱好曲，公木向郑律成提出不少建议，如《八路军进行曲》要写出步伐整齐、雄壮威武、节奏明快、气势高昂等特点。

延安的条件是艰苦的，对于音乐工作者来说条件更差，那里没有钢琴，没有手风琴，创作时全凭摇头晃脑地哼哼。在土窑洞里，郑律成一会儿打打手势，一会儿踏踏脚板，为了不影响同屋人的工作，他还常常躲到山坡上去创作。每当哼成一首曲子，他就急忙唱给公木听，反复修改，直到满意为止。

《八路军大合唱》创作完成后，郑律成亲自指挥教唱。嘹亮的歌声，随着宝塔的风、延河的水，传向远方……1939 年冬天，在延安中央大礼堂，郑律成指挥了《八路军大合唱》的首次演出，取得了巨大成功。后来总政治部宣传部长肖向荣还特意宴请他们，在延安文化沟青年食堂吃了一顿时下最时髦、最解馋的红烧肉，鼓励他们继续合作，多写好歌。

　　在这首雄壮豪迈的军歌声中，中国人民打败了日本侵略者，推翻了蒋家王朝。解放战争时期，《八路军大合唱》中的《八路军进行曲》改名为《人民解放军进行曲》，1965 年又改名为《中国人民解放军进行曲》。1988 年 7 月 25 日，中央军委决定将其正式定为《中国人民解放军军歌》。

　　今天，这首嘹亮的军歌一如既往地在振奋着军民的士气，捍卫着祖国的尊严和领土的完整。

版画《夺回我们的牛羊》

文物··版画《夺回我们的牛羊》

这幅木刻作品又名《把牲口夺回来》，创作于 1945 年，反映的是抗战期间英勇的八路军帮助乡亲们从敌人手中夺回被抢走的牛羊的激烈场景。

全面抗战爆发后，沃渣奔赴延安，任延安鲁迅艺术文学院美术系主任。1939 年，沃渣任华北联合大学文艺学院美术系主任，在此期间，他亲历了百团大战后华北日军在抗日根据地实行野蛮的"三光"政策、推行的"治安强化运动"、进行的"大扫荡"。1943 年，沃渣重返延安，任创作组组长。

这幅《夺回我们的牛羊》就是沃渣根据身边的真实故事创作的，整幅画面虽然战斗气氛紧张浓厚，但战斗场面又安排得井井有条。远景中的手榴弹在受夹击的敌群中炸开了花，近景中一大群被夺回的牛羊正朝着观者的方向移动；画面右侧两位站在大车上的八路军战士神勇和果敢的形象，通过剪影似的

▲ 版画《夺回我们的牛羊》(又名《把牲口夺回来》)

沃渣 1945 年   29.8 cm×19.5 cm   现收藏于延安革命纪念馆

外轮廓线刻画得栩栩如生。从整体上看，作者对观察对象刻画得十分细腻，造型动态夸张且富有感染力。

沃渣将画面的不同内容通过三角刀在木面撕开的白线，将空间分开，并以大小不同的团块面积来凸显主次结构关系，为我们生动描绘了这一具有特殊意义的战斗场面。透过画面，我们仿佛可以感受到当年日军侵华战争的残酷性以及八路军和抗日根据地面对日本侵略者使用的最先进而又最野蛮的战争手段，在血与火的考验中，在生与死的较量中，艰苦卓绝、可歌可泣的那份坚韧。

延安的"十个没有"

文物：延安的『十个没有』

　　1940年2月1日，毛泽东在延安民众讨汪（声讨汪精卫出卖民族利益、叛国投敌的汉奸行径）大会的讲演中十分自豪地说："这里一没有贪官污吏，二没有土豪劣绅，三没有赌博，四没有娼妓，五没有小老婆，六没有叫化子，七没有结党营私之徒，八没有萎靡不振之气，九没有人吃摩擦饭，十没有人发国难财。"这"十个没有"确实反映了当时延安良好的党风、政风、民风，令人羡慕，使人神往。能在那么困难的条件下做到"十个没有"，既创造了风清气正的社会奇迹，又留给我们许多值得思索、继承的宝贵经验。那么，延安当时的社会风气是如何形成的呢？

　　首先，延安的良好风气，是由各级领导带头带出来的。为开展大生产运动，毛泽东、朱德带头种菜，周恩来、任弼时带头纺线；为克服经济困难，彭德怀穿着用缴获敌人的降落伞布做的背心，林伯渠戴着断了一条腿的眼镜；为同甘共苦、不搞特殊，华侨捐赠的汽车，毛泽东带头不坐，分给了老同志和其

延安的"十个没有"

一 没有贪官污吏　　　　六 没有叫化子

二 没有土豪劣绅　　　　七 没有结党营私之徒

三 没有赌博　　　　　　八 没有萎靡不振之气

四 没有娼妓　　　　　　九 没有人吃磨擦饭

五 没有小老婆　　　　　十 没有人发国难财

——毛泽东在讨汪大会上作《团结一切抗日力量，反对反共顽固派》的演讲（1940.2.1）

▲　延安的"十个没有"

他单位坐；宋庆龄给几位领导捎来的营养品，都被送到保育院；为厉行节约、支援抗战，著名华侨领袖陈嘉庚来延安访问，毛泽东就在窑洞里招待他吃饭，只花了几角钱。凡此种种，被美国记者埃德加·斯诺高度赞誉为"东方魔力"。正是因为各级领导带头艰苦奋斗，谁也不以权谋私，不贪污腐化，与群众一起共度时艰，有盐同咸、没盐同淡，延安军民才能同心同德，和衷共济，共铸良好社会风气。虽艰难困苦却欣欣向荣，虽物质极度匮乏却人人心情舒畅。

其次，好风气是严明法纪管出来的。平心而论，延安并不是没有出现过任何问题，而是一经发现，就立即处理，决不让其蔓延滋长，不让其成风成势。譬如，延安也曾出过个别贪官，但被揭发出来后，就立即严肃惩处，或撤职，或法办，严重者甚至处以极刑。正因为法纪严明、毫不姑息，那些乌七八糟的东西就没有市场，刚一露头就人人喊打。黄克功因逼婚未遂，便枪杀了学员刘茜。尽管黄克功是一位战功卓著的老红军，尽管很多人为他求情，但陕甘宁边区高等法院仍判处他死刑。毛泽东指出："如为赦免，便无以教育党，无以教育红军，无以教育革命者，并无以教育做一个普通的人。"这个案子的处理，对于增强法纪观念，维护良好社会风气，起到了巨大作用。

再次，好风气是民主监督出来的。毛泽东在延安同著名民主人士黄炎培谈话时，就如何走出历史周期律，避免重蹈历史上"其兴也勃焉，其亡也忽焉"的老路时，提出了民主监督的办法。毛泽东说："我们已经找到了新路，我们能跳出这个周期律。这条新路，就是民主。只有让人民起来监督政府，政府才不敢松懈；只有人人起来负责，才不会人亡政息。"当时，从中央到根据地各级政府，都广开渠道进行民主监督，对群众意见十分重视。民主人士李鼎铭提出"精兵简政"，中央经过研究觉得有道理，很快就在根据地开展了精兵简政运动，降低了政府开支，也减轻了群众负担。这些措施都在根据地内外产生了积极影响，对于树立良好风气起到了重要作用。

以史为鉴，可以知兴替。在全党上下深入开展党史学习教育的今天，认真回顾当年延安"十个没有"的经验，对于我们学史明理、学史增信、学史崇德、学史力行具有十分重要的意义。

小石桌前宴宾客

文物：小石桌

在延安杨家岭革命旧址毛泽东旧居的院子里，有一张小石桌，在这里曾发生过这样一段故事。

1940年5月，爱国华侨陈嘉庚先生回到了祖国。他此次回国的目的：一是向抗战军民致敬慰之意；二是考察战时国内情况；三是回南洋向华侨报告、宣传，激发千万华侨爱国之情，以外汇财力助祖国抗战。

蒋介石及国民党政府早就感受到陈嘉庚在华侨界的巨大号召力和筹款能力，把他视为"大财神"，把欢迎他回国当作一件大事。为了取得这位"财神爷"的支持，蒋介石为此，"专门拨出招待费8万元，包括欢迎接送、大小宴会、住宿出行、饮食起居。"（陈嘉庚《南侨回忆录》，上海三联出版社2014年版，第102页）。陈嘉庚对蒋介石这样奢侈的安排极为反感，后风尘仆仆地来到了延安。

为了表达对这位华侨领袖的尊敬，毛泽东特意在杨家岭的

127

▲ 小石桌

小院里请他吃饭。初夏的延安，晚风习习。毛泽东在院中放了一张没有油漆的方桌。桌子又矮又小，四周摆了几个小凳子。桌子坑坑洼洼，陈旧不堪，为使桌子好看一些，毛泽东在桌子上铺了几张报纸当作桌布。但当他回窑洞取东西时，一阵风吹过，报纸散落一地，又露出破旧的桌面。毛泽东也没有再捡拾这些报纸，索性直接在这个旧桌面上用餐。饭菜虽然简单，与国民党的招待宴会不可同日而语，但陈嘉庚却吃得香甜而愉快。朱德等中央领导参加宴请，气氛融洽。

面对八百大洋与两毛钱的鲜明对比，陈嘉庚感慨万千。共产党领导人以民主、平等、清廉与简朴的作风折服了陈嘉庚。从他们的身上，陈嘉庚看到了中国的出路和希望，看到了共产党得人心、得天下的历史必然，由此得出了这样的结论：中国的希望在延安！

版画《商订农户计划》

　　抗战进入相持阶段后，国民党顽固派用经济封锁和停发经费等办法围困陕甘宁边区，再加上自然灾害等各种因素，陕甘宁边区政府遭到了抗战以来最大的一次经济危机。为了扩大农业生产，边区政府指示："由县政府派工作人员会同村长帮助人民按户做生产计划，照计划完成任务。"在边区政府的组织下，农民群众积极响应政府号召，通过商订农户计划这种方式，增加、扩大农业生产。商订的这个计划一般原则上"必须比一般农民自己打算要高一些"，这样既可以改变农民保守落后的生产方式，增加生产的强度和改良生产的方法，从而增加粮食的产量和农民的生产收入，又在一定程度上让农民群众为陕甘宁边区政府克服严重的经济危机提供了积极的帮助。

　　焦心河的这幅反映党领导土地改革后农村出现的新气象、

▲ 版画《商订农户计划》

焦心河 抗日战争时期 27.9 cm×20.5 cm 现收藏于延安革命纪念馆

新事物以及农民的新生活、新风貌的《商订农户计划》，正是在这种背景之下创作出来的。

画中共六人，分两组，三两人对坐，或倾听，或挥手表达自己的看法。他们或梳着短辫，或戴帽，有的腰间束上带子，有的身披棉袄，人物形象质朴，动作没有丝毫的多余或做作成分。坐在炕上左侧的孩子紧紧地依偎在妈妈的怀中，体现出有陌生人来时的紧张；妈妈则一边照应着孩子，一边注意听着其他人的谈话。画中农民脸上都流露着微微的笑容，没有紧张的气氛，一切都在和谐中进行着。

作品以"商订农户计划"这一现实中活生生的事件为切口，采用奔放的刻线表现手法，画面构思巧妙，背景大量留白，生动描绘了土地改革后农民生活所呈现出来的新的面貌、新的景象，从农民脸上洋溢的幸福笑容也看到了当时农民对党领导下的美好生活的期盼。

周恩来的"三用"大衣

　　这件深褐色皮质大衣是周恩来在延安时期一直携带、时常穿着的大衣，是国家一级文物。它长 115 厘米，胸围 142 厘米，因长期使用，局部有褪色，里衬有破洞。

　　这件皮大衣，是周恩来 1940 年从苏联带回来的。从那时起，这件大衣伴随周恩来度过了十多个春秋。在革命战争年代，这件皮大衣远远超出了它的原有功能，被誉为"三用"大衣，彰显了老一辈无产阶级革命家艰苦创业、勤俭节约的优良作风。

　　1946 年，周恩来就是穿着这件皮大衣赴重庆参加政治协商会议的，签订了基本符合全国人民和平意愿的《政府组织案》《国民大会案》《和平建国纲领》《军事问题案》《宪法草案》五项协议。

　　1947 年 3 月 18 日晚，党中央撤离延安，开始了转战陕北的征程。在转战陕北的一年多时间里，由于战事紧张，工作繁重，风餐露宿，生活非常艰苦，周恩来夏天把大衣当作雨衣来挡雨，

▲ 周恩来穿过的皮大衣

晚上则将大衣当被子来保暖，冬天再让大衣回归"本色"抵御陕北的严寒。因此，这件大衣被称为"三用"大衣。

在转战陕北途中，一天，突遇滂沱大雨，周恩来连忙叫警卫员把大衣盖在文件箱上，保护党中央的重要文件，而他自己却冒着大雨和大家一起艰难地跋涉了二三十里山路。当他们终于爬上山顶时，因为没穿雨衣，每个人都被雨淋得透湿，为防止暴露，又不能点火取暖，山上的寒风一吹，冷得人直打哆嗦。有一位女同志实在冷得受不了，干脆钻到骡子的肚子下面，贴着骡子的肚皮取暖。即便如此寒冷，周恩来也没有把大衣从文件箱上拿下来穿在身上。

1948 年 3 月，解放战争进入战略反攻阶段，延安解放指日可待。周恩来告别了他生活、战斗了十三个春秋的陕北，和毛泽东一起东渡黄河，这件皮大衣也随他一起离开陕北，前往河北西柏坡。

中华人民共和国成立后，这件皮大衣结束了它陪伴主人南征北战的任务，但是周恩来却舍不得换掉它，就把它送给了邓颖超。邓颖超穿到 1956 年，把它交给卫士长成元功保存。1964 年 8 月 5 日，这件跟随周恩来二十多年的皮大衣被赠给延安革命纪念馆收藏。

这件皮大衣，是周恩来艰苦朴素的革命精神和勤俭节约生活作风的真实写照，它时刻激励人们，要继承和发扬老一辈无产阶级革命家的光荣传统，为实现中华民族伟大复兴的中国梦而努力奋斗。

延安新华广播电台

文物：延安新华广播电台设备零件

朋友们，这是一组与声音有关的革命文物。80 年前，从这里传出的声音，远播饱经沧桑的中华大地，为人们带来了梦想和希望。

为了让更多国人听到延安的声音，中共中央决定成立广播委员会。1940 年 12 月 30 日，在延安西北 19 千米的王皮湾村，中国共产党创建的第一座广播电台——延安新华广播电台开始播音。

这组文物就是延安新华广播电台曾使用过的机器零部件：送话器、真空管、发射灯泡和变压器。那时候，物资匮乏，电台的主要设备就是一台从苏联带回来的广播发射机。电台台址，建在山坡上的三层窑洞里。其中第一层窑洞是两间面积很大的石窑洞，一间是电源车间，另一间是广播机房。这样的石窑洞既能防空袭，又能防止敌人从地面进行破坏。就是在这样的艰苦条件下，播音员们刻苦钻研业务，将自己的情感倾注其中，

▲ 延安新华广播电台设备零件

播送胜利的喜讯时，语调欢快，热情奔放，给人以强烈的感染和鼓舞，字真句实，语气激昂，字字句句，似出膛的炮弹，向外界发出了来自延安的铿锵声音。

延安新华广播电台的广播，立足陕甘宁边区，面向全中国，以国民党统治区的人民群众和国民党军队官兵为主要宣传对象。广播内容紧密配合形势的发展，宣传中国共产党的政策和主张。节目以新闻和评论为主，先后办有"解放区介绍""人民呼声"和"对国民党军广播"等专题节目。曾被国民党统治区的听众称为"茫茫黑夜中的灯塔"。

延安新华广播电台的成立，具有重要的现实作用和历史意义。作为党的重要宣传机构，它为世界认识和了解中国共产党的纲领，为建立广泛的抗日民族统一战线做出了突出贡献。

延安新华广播电台，也是中央人民广播电台的前身。这股发自延安的红色电波，传向长城内外，传向大江南北，历经沧桑，绵延至今。正如他们在《新华广播电台进行曲》里唱的："让党的声音自由奔放，让党的光芒照耀四方。"

红军医圣——傅连暲

文物：傅连暲照片

朋友们，在中国，在2020年，你看到了什么？记住了什么？想到了什么？你为什么感动？又为什么彻夜难眠？

很多人看到了中南海不眠的灯光，看到了全民防疫的中国速度和中国力量，记住了逆行的背影，记住了温暖坚毅的目光。看着一幕幕催人泪下的感人场景，不禁让人想起延安时期以傅连暲为代表的医务工作者救死扶伤的感人画面。

傅连暲，原名傅日新，红军早期的医生之一。1927年，本是教会医院院长的傅连暲，就救治了300多名参加南昌起义的将士。随着与革命队伍的深入接触，傅连暲逐步意识到仅靠慈善行医并不能解救中国，索性把整个教会医院迁往瑞金，改名为中央红色医院，还创办了第一所中国工农红军看护学校，为中国革命培养了一大批急需的医护骨干。

中国工农红军长征到达陕北后，傅连暲在毛泽东的亲自介绍下，加入中国共产党，成为一名坚定的共产主义战士。面对

▲ 傅连暲

▲ 延安时期中央医院旧址

物资、医疗、人员都十分匮乏的延安，他殚精竭虑，提议挖窑洞建医院。1939年中央医院建立了，傅连暲担任院长。

1941年2月，中央医院接诊了一些患有副伤寒甲、乙，斑疹伤寒和回归热的病人。傅连暲发现这些病人高烧不退，多年的工作经验告诉自己，这是传染病。他立即决定将内科病房划出一半，成立传染科。不久，病人突然增加，一场严重的伤寒疫情席卷了陕甘宁边区。

面对严峻的疫情和最常用的氯化钙、葡萄糖和各种强心剂都没有的医疗条件，傅连暲带领医务工作者，不顾个人安危，兢兢业业地密切观察着每个病人的病情变化，他们以三分治疗、七分护理来挽救病人的生命。他们为患者洗脸、清洗口腔、测体温，还帮他们解决大小便。有些患者病情严重，急需输血，医务人员就成为主要血源，大家争先恐后，献出自己宝贵的鲜血。在照顾病人的过程中，许多医务人员不幸感染，出现咳血等症状。由于延安没有特效药，更没有营养品，他们只能靠晒太阳、爬山来提高自己的抵抗力。在医务人员的悉心照料下，许多患者陆续康复出院，陕甘宁边区的情况终于转危为安。

79年后的又一个冬天，一场突如其来的新冠疫情打破了春节的欢乐、祥和。在这场没有硝烟的战场上，又是他们——医务工作者勇敢地奔赴抗疫的第一线。当新型冠状病毒肺炎开始蔓延时，84岁高龄的钟南山院士告诉人们尽量不要去武汉，而他自己却登上了开往武汉的列车；73岁的李兰娟顶着压力，不顾多数人的反对，提出武汉封城的建议；"我是党员我先上"，一个个鲜红的手印，一封封坚定的请战书，毅然扛起了新时代医务工作者的责任、担当。

有些战斗，听不到炮火，却听得见冲锋；有些战场，看不到硝烟，却看得见牺牲。岁月更替，初心不改。从傅连暲到钟南山，一代又一代医务工作者，用高尚的医德诠释了共产党员的崇高品质，用高超的医术书写了"特殊战士"的人民情怀。

中国金融的红色记忆

文物：陕甘宁边区银行印钞机

朋友们，我们现在看到的是一台陕甘宁边区银行光华印刷厂的印钞机。它长 92 厘米、宽 86 厘米、高 130 厘米，是国家一级文物。

全面抗战爆发后，随着抗日民族统一战线的建立和国共两党的第二次合作，陕甘宁边区在经济、金融等方面与国民党统治区的关系发生了很大变化。在新的形势下，抗日根据地的经济、金融要不要保持相对的独立性？要不要独立自主发行货币？这是一个极其重要又急需回答的问题。

早在中央红军到达陕北之前，刘志丹、谢子长、习仲勋等人就领导创建了陕甘边革命根据地和陕北革命根据地。他们在建立革命政权的同时，创办了苏维埃银行。1935 年 11 月，国家银行总行与陕甘晋苏维埃银行合并，改为中华苏维埃共和国国家银行西北分行。1937 年 10 月 1 日，中华苏维埃共和国国

▲ 陕甘宁边区银行印钞机

家银行西北分行改为陕甘宁边区银行，曹菊如为首任行长。

皖南事变后，国民党顽固派对陕甘宁边区实行经济封锁和军事包围，边区财政紧张、物资匮乏、贸易停滞、外援中断，经济面临严重危机，为此党中央、毛泽东号召开展军民大生产运动。1941年1月28日，边区政府决定由陕甘宁边区银行发行边区银行币（简称边币）。

光华印刷厂是陕甘宁边区银行的一个重要组成部分，于1940年10月兴办，厂址选在延安市场沟的山坡上。厂里的职工有从中央印刷厂、教育厅文化工业社和八路军印刷厂选调的骨干，还有中央组织部从抗大和马列学院毕业生中抽调的部分学员，是一支特别能战斗的队伍。由于当时陕甘宁边区被严密封锁，印刷厂的条件十分简陋，印制钞票的材料也很难买到。缺少草板纸，他们就用羊皮革代替；没有宣纸，就用毛边纸来代替；没有甘油，就用冰糖和蜂蜜代替；没有道林纸、钞票纸，他们就自力更生制造麻纸。

从1937年10月至1947年11月，陕甘宁边区银行在党中央的领导下，坚定不移地贯彻执行"发展经济、保障供给"的财经总方针，发行边区银行币、开展信贷业务。光华印刷厂为边区印制了各种银行币，为繁荣边区经济发挥了重要作用。

陕甘宁边区银行为我国金融事业的发展积累了丰富的经验，是中华人民共和国金融事业的雏形，更是中国共产党领导下的人民银行的历史见证。

关于彻底实行"三三制"选举的指示

文物：陕甘宁边区中央局关于彻底实行『三三制』选举的指示

朋友们，我们面前的这份文件为纵式长方形，32 开本，内文为双面竖排印刷，共有 8 页，右侧装订，纸质为有光纸。文件的第 1 页从右至左竖印着"边区中央局关于彻底实行'三三制'的选举运动给各级党委的指示"粗黑体字样，字号较大，是该文件的标题文字。

"三三制"政权，是全面抗战时期中国共产党在抗日根据地建立的民主政权在人员组成上采取的制度。最初是延安县中区五乡为了突击完成征粮工作，提出用民选方式组织征粮委员会，即每十二三户居民公选 1 名代表。在全乡选出的由 27 名代表组成的征粮委员会中，共产党员只有 9 人，其余 18 人均系非党人士，这些非党人士中包括富裕户和绅士。这样做，不仅很好地完成了任务，而且受到更多老百姓的支持和赞同。西北局组织部长陈正人同志，及时总结这一经验撰写了《在实行"三三制"的政权政策中延安中区五乡征粮委员会的创造及其意义》，刊在《共产党人》杂志第 17 期上。毛泽东对这个经验很重视，他指出："共产

▲ 陕甘宁边区中央局关于彻底实行"三三制"选举的指示

党员只有与多数非党员在一道，真正实行民主的'三三制'，才能使革命工作做好，也才能使党的生活活跃起来，如果由党员包办，则工作一定做不好，党员也会硬化不进步。"这就是最早出现的"三三制"提法。

1940年3月11日，毛泽东在延安党的高级干部会议上强调，在"三三制"政权中，应该是共产党员占三分之一，他们代表无产阶级和贫农；左派进步分子占三分之一，他们代表小资产阶级；中间分子和其他分子占三分之一，他们代表中等资产阶级和开明绅士。

中共中央提出建立"三三制"政权的原则后，陕甘宁边区首先在部分地区政权建设中贯彻"三三制"原则。同年4月，边区政府决定，新区在建立统一战线政权时，各级参议会与政府委员，必须包括各阶级抗日党派与无党派之成分，无论任何一政党之党员所占议员或委员之总数不得超过三分之一。

1941年1月30日，陕甘宁边区中央局发出了《关于彻底实行"三三制"的选举运动给各级党委的指示》，也就是我们看到的这份文件。文件要求各地在1941年的选举中切实贯彻"三三制"原则，建立起真正模范的新民主主义政权。

1941年7月，晋冀鲁豫边区召开临时参议会第一次会议，133名参议员出席，其中有共产党员46名，占三分之一。11月，陕甘宁边区第二届参议会召开第一次会议，9名常驻议员有3名共产党员。会议选出的边区政府18名委员中，有共产党员7名，略超过三分之一。共产党员徐特立当即声明，请求"退出"，得到大会的赞赏和同意，（按得票多少）由非党人士白文焕递补。会议通过了《陕甘宁边区施政纲领》，这是中国共产党同各界、各党派共同的政治纲领，是边区建设"三三制"政权的政治基础。这次会议的召开，标志着"三三制"政权的正式建立。

"三三制"是抗日根据地实行民主政治的体现，它最民主、最廉洁、最富有朝气、最受人民欢迎和拥护，对于巩固中国共产党在抗日民族统一战线中的无产阶级领导权、发展进步势力、争取中间势力、孤立顽固势力、夺取抗战胜利，起到了重要作用，为中国共产党领导的多党合作和政治协商制度的形成进行了初步探索并积累了丰富经验。

359 旅战士的桦树皮饭盒

　　朋友们，我们现在看到的这个饭盒，是一个没有盖子的椭圆形饭盒，是用延安当地的白桦树皮做成的。为了坚实耐用和固定接缝，饭盒外面上下两边用两指宽的桦树皮进行了加固，左右中腰部各有一个木耳，木耳下部有小孔，孔内有一个小铁环，是用来系绳子或者带子的，可以肩挎或者手提，这样的设计巧妙地将桦树皮缝隙遮住，美观还便于携带。饭盒的底部已经变形隆起开缝，饭盒多处有磨损的痕迹。

　　这个饭盒，是 359 旅战士们使用过的。看到这个饭盒，就让人回想起了毛泽东"自己动手""丰衣足食"的伟大号召；想起了为了生产自救保卫党中央而鏖战在南泥湾的 359 旅的战士们，他们用满腔的热血和豪迈的精神，不仅保卫了党中央的安全，还将一个原本荒无人烟的南泥湾变成了"陕北的好江南"，使中共中央和陕甘宁边区平稳地渡过了难关，迎来抗日战争的伟大胜利。

▲ 359 旅战士的桦树皮饭盒

抗战进入相持阶段后，面对日寇的疯狂扫荡和国民党顽固派的军事、经济双重封锁，陕甘宁边区陷入了极度困难的境况，许多人没有饭吃、没有衣穿，用毛泽东的话说"我们的困难真是大极了。"1939 年 10 月，359 旅由晋察冀边区调至陕甘宁边区，接管宋家川至葭县（今佳县）的黄河河防任务。1941 年春，他们响应党中央号召进驻南泥湾开荒屯田，开展大生产运动，实行生产自给，减轻人民负担。

当时，南泥湾周围荒木丛生，野兽成群，到处散发着枯枝野草的腐臭味，但战士们并没有被困难吓倒。没有地方住，他们就自己动手挖窑洞、盖房子；没有水喝，他们就到处找水源、打水井，决心把遍地泥泞的"烂泥湾"变成水草肥美的好庄园。

为了多开荒，战士们天不亮就扛着镢头、带上吃的出发了，直到太阳落山才回到营地。但是带着吃的去山里开荒，没有饭盒怎么办？聪明的战士们发现桦树皮具有质地柔韧、易塑造、不怕水、不怕碰撞、防腐耐潮、经久耐用以及携带方便等特点，就用桦树皮自己制作饭盒，解决了上山劳动无法携带食物的难题。

饭盒问题解决了，可这个饭盒不保温，在赤日炎炎的夏天，等到战士们肚子饿了准备吃饭时，饭盒里面的食物早已因为高温变味了，许多战士因吃了变质的食物闹肚子。即使这样，战士们都舍不得浪费一粒粮食。为此，他们想了许多办法对饭盒进行加固，使其既保温又防热，以此来确保饭食不变味。

经过几年的自力更生，359 旅的战士们终于将南泥湾变成了遍地是牛羊、处处瓜果香的"陕北好江南"。1943 年 9 月，毛泽东在视察南泥湾时高兴地说："困难，并不是不可征服的怪物。大家动手征服它，它就低头了。大家自力更生，吃的、穿的、用的都有了。"

南泥湾的老镢头

文物：南泥湾的老镢头

朋友，您到过延安吗？您领略过被誉为"陕北好江南"的南泥湾风光吗？今天，就让我们一起走进南泥湾，去认识一把在南泥湾开过荒的老镢头。

这是八路军 120 师 359 旅战士使用过的一把老镢头。它重不过五斤，长不过八寸，但它却经历了一段特殊的岁月，见证了共产党人自力更生、艰苦奋斗的精神。

那是抗战最艰苦的时期，由于国民党顽固派的军事包围和经济封锁，加之频繁的自然灾害和大量非生产人员的增加，导致陕甘宁边区军民陷入没有衣穿、没有饭吃的艰难境地。为此，毛泽东在延安生产动员大会上做了生动而深刻的讲话，他说："面对严重的困难，我们是饿死呢，解散呢，还是自己动手呢？"他号召大家"自己动手，生产自给"。于是，一场轰轰烈烈的

▲ 南泥湾的老镢头

大生产运动在各根据地开展起来。

1941 年春，王震率领 359 旅的指战员们高唱着"一把镢头一支枪，生产自给保卫党中央"，浩浩荡荡地开进了野草丛生、荆棘遍野、人烟稀少的南泥湾，开始了"背枪上战场，荷锄到田庄"的新生活。

初到南泥湾，迎接战士们的是一个又一个困难和考验。没有房子住，自己挖窑洞；粮食不够吃，挖野菜充饥；开荒镢头不够用，伐木打铁自己造。由此奏响了一曲惊天动地的大生产乐章。在如雨的汗水和飞溅的火花中，一把把锋利的镢头诞生了，战士们亲切地称它为"南泥湾的老镢头"。

359 旅的战士们正是用这一把把老镢头，开出了万亩良田，撒下了希望的种子。短短三年，就使南泥湾呈现出"牛羊满山猪满圈，肥鸭满塘鸡满院，粮食大丰收，瓜菜堆如山"的丰收景象，达到了"自己动手，丰衣足食"的目的。1943 年，在西北局高干总结会上，毛泽东为 359 旅题词"发展经济的前锋"，为王震旅长题词"有创造精神"。

1943 年春节，延安鲁迅艺术学院（以下简称延安鲁艺）的秧歌队来到南泥湾慰问演出。其中，由诗人贺敬之作词、马可作曲、郭兰英演唱的《南泥湾》，赢得了在场指战员们的热烈掌声：

花篮的花儿香，

听我来唱一唱，唱一呀唱。

来到了南泥湾，南泥湾好地方，好地呀方。

好地方来好风光，好地方来好风光，

到处是庄稼，遍地是牛羊。

……

老镢头，让南泥湾变成了陕北的好江南；老镢头，承载的正是自力更生、艰苦奋斗的延安精神。中国共产党正是依靠这种精神，带领全国人民实现了从站起来、富起来到强起来的伟大飞跃。正如习近平总书记所说：

"老一辈革命家和老一代共产党人在延安时期留下的优良传统和作风，培育形成的以坚定正确的政治方向、解放思想实事求是的思想路线、全心全意为人民服务的根本宗旨、自力更生艰苦奋斗的创业精神为主要内容的延安精神，是我们党的宝贵财富。"延安精神，是新时代党员干部锤炼党性、滋养初心、淬炼灵魂的思想源泉，是中国共产党人在实现中华民族伟大复兴的征程中取之不尽、用之不竭的精神动力。

陕北好江南

文物：开荒照片

　　"花篮的花儿香，听我来唱一唱，唱一呀唱……"一首熟悉的旋律仿佛把我们带回延安时期的南泥湾，陕北小江南景象就浮现在眼前，稻浪滚滚，牛羊成群。

　　1938 年 10 月武汉沦陷后，中国抗战进入战略相持的新阶段。日本帝国主义对敌后抗日根据地进行疯狂扫荡，国民党顽固派对陕甘宁边区实行军事包围和经济封锁，加之频繁的自然灾害和非生产人员的增加，陕甘宁边区出现了空前严重的物资困难。当时，在延安的中央领导穿着补丁衣，吃野菜，甚至有的战士饿得患上了夜盲症。毛泽东后来讲"我们曾经弄到几乎没有衣穿，没有油吃，没有纸，没有菜，战士没有鞋袜，工作人员在冬天没有被盖"的境地。

　　1939 年 2 月，中共中央在延安召开党政军生产动员大会，毛泽东在会上尖锐地指出："饿死呢，解散呢，还是自己动手呢？饿死是没有一个人赞成的，解散也是没有一个人赞成的，还是

▲ 开荒照片

自己动手吧！"于是，一场轰轰烈烈的大生产运动在陕甘宁边区迅速开展起来。同时，为加强边区防卫力量，1939年秋，中央调八路军第120师359旅由华北前线回防并于1941年3月开赴南泥湾实行军垦屯田，一手拿枪保卫边区、保卫党中央，一手挥镢屯垦生产。

南泥湾又叫烂泥湾，到处是荒山野地。那时，这里什么都没有。于是战士们便在深山安家，向荒野要粮。没有镢头，就到处找废铁造农具；没有房子，就自己挖窑洞；粮食不够吃，就挖野菜充饥。许多战士只有一套衣服，换洗时要么蹲在河里，要么躲在被窝里，等衣服干了再穿。被褥薄，冻得实在睡不着，就燃起篝火，围着火堆唱歌、跳舞。他们乐观地唱道："野火照人歌且舞，闯过今年和明年。"

王震是359旅的旅长，他与战士们一起开荒，双手都打满了血泡，还严格遵守"生产时不得迟到和早退"的规定。要纺线，王震就把各团木工召集起来，突击一周，制造纺车1000多辆，大人小孩都来纺线。由于缺乏原料，便创办了许多小工厂，有纺织厂、制革厂、肥皂厂，开始自给自足。

中央领导与战士们一样，亲自参加劳动。毛泽东、朱德带头开荒，周恩来、任弼时纺线捻纱。陕甘宁边区政府主席林伯渠把生产节约的计划公布在报纸上，让大家一起监督。中央组织部部长陈云组织担粪积肥，几个年轻人嫌大粪臭不愿挑，他挑起担子说："大粪不臭，是香的。"听的人都笑了，他又说："大粪不香？用它肥田，长出新鲜蔬菜和瓜果后不就变香了？"战士们便纷纷开始挑起担子。

大生产运动中的第一年，南泥湾开荒种粮食、蔬菜1.1万多亩。1944年，全旅种地达26万多亩，收获粮食3.6万石，全旅每人每月平均可分到3斤肉，每天1斤半菜，会餐时还能吃到鸡、鸭、大米。战士们也穿上了自制的新衣袜，有的还可以领到一件毛衣或羊毛背心。全旅兵强马壮，衣食住行样样齐备，南泥湾变成了陕北的好江南。

南泥湾，这个响亮的名字，承载的是中华民族自力更生、艰苦奋斗的创业精神，是延安精神的重要组成部分，是我军在困境中奋起、在艰苦中发展的强大精神力量，是民族永恒的精神财富和动力。

版画《八路军秋收》

　　抗日战争进入相持阶段后，由于长期战争的消耗、日军的军事进攻、国民党的经济封锁，加之自然灾害的侵袭和大量非生产人员的增加，使陕甘宁边区的财政遇到极大的困难。为了渡过难关，党中央、毛泽东发出"自力更生""生产自给"的伟大号召。1940年5月，朱德总司令从抗日前线回到延安后，十分重视边区的经济建设。通过对南泥湾的实地勘察，他提出让359旅开进南泥湾执行"屯田"政策。1941年春，359旅官兵高唱："一把镢头一支枪，生产自给保卫党中央"的战歌，披荆斩棘，浩浩荡荡地开进荒无人烟的南泥湾。到1943年，359旅已经完全达到了自给，使昔日荒凉的"烂泥湾"变成了"陕北的好江南"。王震将军率领359旅开展的南泥湾大生产，作为八路军大生产运动中的先进典型，受到文艺工作者的广泛关注，成为他们文艺创作的重要素材。

　　古元在探索艺术的过程中，一直想去部队体验一下子弟兵

▲ 版画《八路军秋收》
古元　1943 年　16.3 cm×26.4 cm　现收藏于延安革命纪念馆

的生活。1943年，他如愿以偿地来到驻扎在南泥湾的八路军359旅体验生活。就这样，这支从前线调防来保卫陕甘宁边区和发展生产任务的队伍被古元刻绘在了他的木刻作品《八路军秋收》里。

　　这幅作品整体以"阳刻"为主，画面干净清新，线条丰富多变、长短有致，而且场景感非常强，层次分明。近景，战士面对面排成两排，举着连枷在给谷子脱粒，从他们整齐划一的动作可以想象部队的纪律性之强。右前方的战士则将谷穗集中成堆，地上还放着几把多余的叉子等农具。往前看去，中景的战士几人一组忙得热火朝天，有的在扬场、有的在铡草、有的在晒草料，还有的拉着牲口在碾谷子。在草料堆成的矮墙后面竖着一个篮球架，旁边高高地支着战士们锻炼用的木杆。几名战士扛着沉甸甸的粮食往远处那一排排整齐的营房走去，营房的后面则是战士们开荒屯田的延绵群山和朗朗晴空。

　　古元通过对这群"穿着军衣的庄稼汉"整齐有序、勤奋劳动的秋收场景的生动描绘，来表达对人民子弟兵自力更生、奋发图强的高度赞颂。

书箱随行　追求真理

文物：彭真用过的公文箱

　　朋友们，我们现在看到的这个公文箱，皮革质地，棕色，表面用黄帆布包皮，箱内有蓝色里布。箱内原本有四根用来稳固物品的小皮带，因年代久远，有一些已经脱落和残缺了。从表面看，公文箱正面的箱口处有一排三个锁扣，锁扣已经生锈和损坏，一些零部件也已经遗失。中间锁扣两侧有两个皮环，分别固定两个金属环。箱面和箱底左右两侧有皮环和用来固定箱子的皮带，一根已经遗失，另外一根也已经断裂。箱体周边有一些铆钉，皮革和帆布已经因老化而变硬、褪色。这个箱子是彭真同志在抗日战争时期，在中共中央晋察冀北方分局使用过的公文箱。

　　彭真，原名傅懋恭，1937 年改名彭真，山西曲沃县侯马镇垤上村人，是山西太原共产党组织的创建者和领导人之一，是

▲ 彭真用过的公文箱

我党杰出的革命家和政治家。1924年，晋南临汾地区的党组织创办了《新生报》和"新生社"，但其中很多青年对革命理论并不太懂，思想比较混乱，党组织便派彭真去做工作。彭真找来一箱子关于马克思主义、无政府主义和社会主义的书籍，对青年们说："我们现在选择道路，不光是为咱们几个人，是要给山西广大青年选一条出路，选错了是要负责任的。"青年们看了这些书后才如梦初醒，大多数表示赞成马克思主义。这是彭真用马克思主义教育青年走社会主义道路的初步尝试。

大革命失败后，在白色恐怖的严酷环境中，彭真深入工农群众，坚持斗争，组织领导天津近郊农民开展反霸护佃斗争，还从农民中发展党员。在他随身携带的箱子里面，总是放着一些进步书刊，为防止敌人发现，他把这些书刊和衣物混合在一起。一次，由于叛徒出卖，彭真同志不幸被捕。在狱中，面对敌人的酷刑摧残，他始终坚贞不屈，组织被捕同志与叛徒、敌特进行斗争。出狱后，彭真同志为恢复和发展北方地区党组织，巩固和发展一二·九爱国运动的胜利成果，推动抗日民族统一战线的建立，为开创白区工作新局面发挥了重要作用。

抗日战争爆发后，彭真参与部署我党在北方地区开展游击战争、创建抗日根据地的工作，在担任中共中央晋察冀分局书记期间，同聂荣臻等同志一起为发展和巩固晋察冀抗日根据地呕心沥血，创造性地执行党中央关于抗日战争的战略方针和基本政策。

1941年，彭真回到延安，任中央党校教育长、副校长，中共中央组织部部长、城市工作部部长等职务，参加领导延安整风运动。在党的第七次全国代表大会上，彭真同志在发言中总结了我党进行地下斗争的历史经验，阐述了地下工作的方针政策和斗争策略。

抗战胜利后，彭真任新组建的中共中央东北局第一书记、东北民主联军政治委员，带领同志们奔赴东北开展工作。白天，他提着箱子和同志们一同赶路，到了晚上，这个箱子就成了他临时办公的桌子，用它来处理文件和写文章。

这个公文箱，伴随着彭真同志奔波在革命最需要的地方，见证了彭真同志不屈不挠地追求真理、不懈奋斗的一生，见证了他为党和国家事业做出的非凡贡献。

清凉山上一棵松

　　抗日战争时期，无数革命先辈抛头颅、洒热血，用血肉之躯筑起保家卫国的钢铁长城。其中，许多文人志士投笔从戎，他们为文字注入澎湃的情感，用笔尖凝聚了中国人的心，用自己的方式保家，在特殊的领域卫国。

　　延安时期，就有这样一个名字——杨松。这普通的两个字，承载着一位不平凡的人，他是中国共产党优秀的马列主义理论家、宣传家和革命活动家。

　　杨松，原名吴绍镒，1907 年出生于湖北大悟县。从小饱读诗书的他，有着别于常人的眼界与胸怀。1927 年，杨松受团中央派遣到莫斯科中山大学学习，其间，他满怀激情地阅读和翻译了大量马列著作，发表了一系列激进文章。九一八事变后，杨松被中共驻共产国际代表团派往苏联海参崴，任太平洋国家职工秘书处中国部主任、《太平洋工人》杂志编辑。除了处理日常的抗日宣传工作外，他还写了大量呼吁人民团结抗日的文

▲ 《解放日报》第一任总编杨松

章，句句鼓舞人心，篇篇斗志昂扬。

1933 年开始，杨松化名吴平，参与东北地区党的领导工作。他在极其艰苦的环境下，在短短三四年的时间里写了三百多万字的文章，指出了东北抗日武装要建立联合阵线的正确方向，他的有些文章还成了现代政治教学的参考书。1936 年，他到莫斯科治病，依然不忘东北的工作，向中共驻共产国际代表提出了组建东北抗日联军的建议。1938 年 2 月，杨松从莫斯科回到延安，任中央宣传部副部长兼秘书长。

1941 年 5 月 16 日，我党的第一份大型机关报《解放日报》正式出版。杨松作为总编辑，每天只休息三四个小时，办公桌前的灯光经常从黄昏亮到深夜。新华社编辑部的工作人员每天凌晨三点起床经过杨松窗前，都发现他依然在写作、审稿。除了担任总编辑外，他还要撰写社论，一天一篇社论，一个月时间就写了 29 篇。夜以继日、废寝忘食的工作使他的身体严重透支，导致肺病复发，可他仍然丝毫没有懈怠，继续通宵达旦地工作。护士和身边的同志不得不把笔墨纸收起来，强迫他休息。他恳求说："时间对我太宝贵了，工作怎么能停止呢！请把笔和纸给我吧。"重病期间，报社同志来探望，他总是询问国内外的时局和报社各部门的有关情况，表态"病好以后，要为党再奋斗三十年"。可惜的是，这句话竟然成了他未尽的心愿。

1942 年 11 月 23 日，年仅 35 岁的杨松还没来得及看到革命成功便离开了人世。党中央举行了隆重的追悼会，毛泽东亲笔为他题写挽词："杨松同志办事认真，有责任心，我们应当记住他、学习他。"战友们将他安葬在清凉山上的一棵松树下。杨松把自己短暂的一生献给了中国人民的解放事业和党的新闻事业，他的精神激励着一代又一代人不断前进。

怀安诗社手抄本

文物：朱德手迹

文物：怀安诗社诗稿墨迹（第一辑）

　　朋友们，我们现在看到的这个诗稿墨迹，不是出版物，也不是印刷品，而是一份怀安诗社的手抄本，是怀安诗社的成员们题写、誊抄并保存下来的手稿。这份手稿虽然没有精美的装帧，却弥足珍贵，它向人们展示了老一辈革命家们的乐观情怀和焕然一新的边区风貌，与国统区纸醉金迷的奢靡之风形成鲜明对比，让人们从中感受到陕甘宁边区的勃勃生机。

　　1941 年 9 月 5 日，陕甘宁边区政府主席林伯渠与谢觉哉、高自立等人宴请在延安的诗人墨客，提议成立怀安诗社，取"老者能安、少者能怀"之意，期望把陕甘宁边区建设成为一个使老幼都有所养的和乐幸福社会。这个提议得到大家的一致赞同，并推举李木庵主持怀安诗社工作。在诗社成立会上，林伯渠号召大家多写诗、写好诗，用旧瓶装新酒，并即兴吟成《延水雅集·赋呈与会诸君子》。

　　怀安诗社与别的文艺刊物不同，它是一个具有业余性质的

▲ 怀安诗社诗稿墨迹（第一辑）

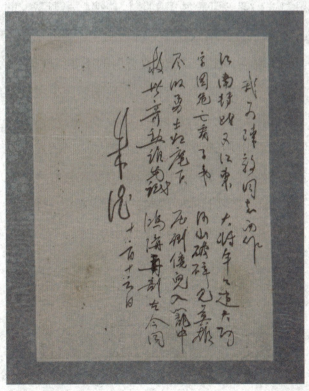

▲ 朱德手迹

文艺社团。它没有机构编制与专职人员，也没有章程和入社手续等规定，只要能作诗、能唱和就可以是诗社成员了，写出来的诗作也不像别的文艺刊物一样印刷和发行，而是通过上一个人把诗写好后送给别人，拿到诗稿的人把自己的作品誊写上去后又送给下一个人填写并传送的方式流通。

怀安诗社成立不久，徐特立、吴玉章、朱德、叶剑英等人纷纷写诗投寄，在重庆的董必武得知这一消息后，立即将自己写好的诗作投寄过来。后来，陆续给怀安诗社投稿的人还有续范亭、熊瑾玎、钱来苏、黄齐生等一大批文人墨客，诗社成员阵容得以壮大，诗社的影响力也越来越大。

怀安诗社配合革命形势，以诗为宣传武器，服从斗争需要，加强团结，发扬民族正气，鼓舞民心士气，暴露敌伪罪恶。正如李木庵所说："一国兴亡，视乎民气；民气升沉，系乎士气；士志激越，发为心声。诗词歌曲，皆心声也……"

在李木庵的提议下，怀安诗社的诗友们在旧体诗的格律、诗韵和通俗化方面进行了大胆的改革和尝试，突破了一些旧的陈规戒律，出现了"旧瓶装新酒"的灵活写作方式，在通俗化和群众化等方面迈出了可喜的一步。

怀安诗社虽然没有正规的印刷品，却是"延安文艺"的重要组成部分，是中国无产阶级革命文艺史上第一个古典诗词诗社，在我国新民主主义革命史和近现代文化史尤其是诗歌史上意义十分重大。

怀安诗社不是旧时代吟风弄月的传统诗社，而是为抗战服务的业余文艺结社，其作品以现实生活为出发点，反映了中国革命的现实与心声，具有战争史料和革命掌故的文献价值；它以旧体诗词为主，兼容新诗、译诗、戏曲、民歌、军歌等诗体，具有深远的影响力及特殊的历史地位。

民主人士李鼎铭

文物：米脂县民众送给李鼎铭先生的匾额

　　朋友们，我们眼前的这块匾额，面呈蓝色，长242厘米，高115厘米，上面镶嵌着"造福桑梓"四个镶金大字。这是1925年陕北米脂县五区的乡亲们送给著名民主人士李鼎铭先生的匾额。

　　李鼎铭，1881年出生于陕西米脂县，由于家境贫寒，直到10岁时才到舅舅杜良奎家中读书。经过十年寒窗苦读，博览四书五经和中医典籍，在绥德大考中一举夺魁。青年时期，他主要从事教育工作，创办了米脂县第一所国民小学，其间，主张改良教学方法，为振兴家乡教育事业做出了积极贡献。后来，他目睹家乡医疗条件落后，群众深受疾病折磨，为了解除百姓疾苦，他返回故乡，精研中医，兴医倡教，热心为穷苦老百姓诊治疾病，成为远近闻名的一代名医。若遇到非常穷困的患者，

▲ 李鼎铭

▲ 米脂县民众送给李鼎铭先生的匾额

他就分文不收，免费为其看病，深受当地百姓们的尊敬。1925 年，为了表达对李鼎铭先生的敬重，老百姓们敲锣打鼓地送给他这块"造福桑梓"匾额。

作为一名党外开明士绅，李鼎铭非常关注党的政治主张。1941 年冬，他在陕甘宁边区二届一次参议会上当选为边区政府副主席。会上，他提出的"精兵简政"提案，受到党中央和毛泽东的高度肯定，被列为中国共产党打败日本侵略者的十大政策之一。为此，毛泽东亲自撰写了《一个极其重要的政策》，还在《为人民服务》中赞扬道："'精兵简政'这一条意见，就是党外人士李鼎铭先生提出来的；他提得好，对人民有好处，我们就采用了。只要我们为人民的利益坚持好的，为人民的利益改正错的，我们这个队伍就一定会兴旺起来。"

精兵简政的实施，使政府工作达到了精简、统一、效能、节约和反官僚主义五个目的，密切了军民关系、军政关系，减轻了老百姓的负担，促进我党的廉洁之风，受到人民群众的支持和拥护。

今天，当我们再一次看到这块匾额时，不由得想起这位时刻心怀人民、"造福桑梓"的开明人士，正如毛泽东所评价的那样："人民对于他的功绩将永志不忘。"

版画《延安鲁艺大礼堂》

1940 年 1 月，力群来到延安鲁艺美术系任教。他"逃离阎锡山统治区来到延安时，年方 28 岁，正值'风华正茂'之时。看到延安生气勃勃、井然有序，团结友爱、紧张活泼，遍地歌声、艰苦朴素的景象，这和国民党地区纷乱无章、一盘散沙、人无斗志、松松垮垮的情况相对照，感到俨然是两个世界，而延安这个新世界却真使我喜欢。"

这幅《延安鲁艺大礼堂》就是力群来到延安鲁艺后创作的一幅重要作品，它所刻画的是当时延安鲁艺音乐系、文学系和戏剧系的同学们学习、生活的一座天主教堂的景色。这座教堂原本是外国侵略者对中国进行文化侵略和精神殖民的地方，他们见缝插针，无所不用其极。但是在共产党的领导下，这座象征侵略的天主教堂奇迹般地摇身一变，成为传播马克思主义的

▲ 版画《延安鲁艺大礼堂》（原名《昨日的教堂》）

力群　1941 年　19.8 cm×13.6 cm　现收藏于延安革命纪念馆

圣地，成为延安鲁艺的同学们和老师们学习、生活的大家园，成为歌颂陕北人民新生活的广播站，成为探索研究艺术道路的大本营。这样强烈的反差让力群十分感慨，他动情地刻下了这幅木刻作品，以表达自己对这座教堂、对这所学校、对这片土地的爱恋。

这幅作品中那高大的教堂尖顶直冲云霄，尖顶上的十字架给人以神圣庄严之感，但作为艺术学府的校园，已扫尽了一切神学色彩。鲁艺门前有战士站岗，人来人往，颇富生活情趣，为古老的教堂带来了新的活力与革命气息，也凝结了力群对延安鲁艺的深深情谊。同时，在创作这幅作品时，力群还大胆地进行了探索和革新，开始尝试用圆口刀，从苏联木刻的固有表现手法中脱离出来，使其艺术表现手法得到了化茧成蝶般的进步。

1945 年，力群的《延安鲁艺大礼堂》作为礼品赠送给参加世界反法西斯战斗的乔治·韩伦（George A. Hanlon）中校等人。2017 年，乔治·韩伦中校的家人将精心保存的版画无偿赠予复旦大学图书馆，见证并传承着世界人民在反法西斯战争的难忘岁月里勠力同心的战斗友谊。

我们现在看到的这幅《延安鲁艺大礼堂》是 1966 年文化部干部司殷红捐赠给延安革命纪念馆收藏的，现作为国家三级文物陈列展出。

艰苦创业的故事

延安时期留下了许多珍贵的照片，其中，有一张照片就反映了延安时期的艰苦岁月，彰显了领袖精神，指引我们时刻不忘初心、牢记使命。

这张照片现存放于延安革命纪念馆展厅，是 1942 年延安电影团摄影大师吴印咸看到毛泽东在延安窑洞前做报告时抓拍的，取名为"艰苦创业"。照片中的主人公毛泽东身着粗布灰制服，穿着土布鞋，身体稍向前倾，打着手势，以殷切、诚挚的目光注视着广大干部。虽然只拍了一个人物形象，却使人觉得在画面之外的广大干部正在全神贯注地听报告。

光影见史，随着吴印咸按下的快门，一代伟人朴素的精神风貌由此在全世界人民的脑海中定格。当我们将目光转向主席的裤子时，惊奇地发现竟有两块黑斑一样的补丁。伟大领袖毛主席的衣服上竟打着入目可见的补丁，实在令人难以置信。

▲ 毛泽东给八路军 120 师干部做报告

但正是这"补丁"深刻地反映了延安时期自力更生、艰苦奋斗的创业精神，征服困难的英雄主义精神，伟大的革命领袖精神，是延安精神最显著的标志。

抗战进入相持阶段后，陕甘宁边区面临着前所未有的困难，怎么办？毛泽东问大家："饿死呢？解散呢？还是自己动手呢？"共产党人响亮地回答："要自己动手！"

为了克服困难，1940年，毛泽东发出"自己动手，生产自给"的号召，陕甘宁边区迅速开展了以农业为主的大生产运动，毛泽东、朱德等中央领导以身作则，带头开荒种地。毛泽东扛过锄头，种过菜地，每月只有5元津贴，舍不得穿一件新棉衣。当战士们都穿上了暖和、整齐的新棉衣时，他依然穿着有四个年头的旧棉袄，两个胳膊肘上的补丁打了数次，磨破的袖口甚至露出了棉花。警卫员提出要给主席换一件，可他却说："现在经济困难，大家的生活都很苦，我们应该勤俭节约，这件棉衣是很旧了，但洗洗补补还可以穿嘛！"于是，他仍然穿着补有大块补丁的衣服到各处开会、讲课。

照片"艰苦创业"反映了延安艰苦岁月的真实生活，是共产党员艰苦创业的历史写照，是革命领袖崇高的精神风范！正是凭借艰苦创业的精神，中国共产党领导中国革命从胜利走向胜利。

中华人民共和国成立后，毛泽东回顾起这张照片时曾说："这张照片表现时代精神是最好的！"回到北京的毛泽东依然保留着延安时期艰苦朴素的作风，他那件73个补丁的睡衣，一穿就是二十年；在1954年8月24日会见英国前首相艾德礼时，他依然穿着带补丁的裤子，这在各国领导人中恐怕是绝无仅有的。

光辉题词照千秋

文物：毛泽东书写『自己动手，丰衣足食』

朋友们，您是否被这张照片所吸引。照片上毛主席慈祥的神态以及笔下那隐约可见的大字——"自力更生，丰衣足食"，会使人情不自禁地想起延安那段艰苦岁月。

1939 年，蒋介石对陕甘宁边区实行严酷的经济封锁。党中央、毛泽东为了克服困难，减轻人民群众的负担，号召解放区人民积极开展大生产运动。在轰轰烈烈的大生产运动中，涌现出了举世闻名的八路军 120 师 359 旅。他们在王震同志的率领下，一手拿枪，一手挥镢，克服重重困难，使昔日荒无人烟的南泥湾变成了禾苗茁壮、牛羊满群的"陕北好江南"。

1942 年，为了真实记录这段震撼人心的历史，延安电影团拍摄制作了大型纪录片《生产与战斗结合起来》，也就是我们后来看到的影片《南泥湾》。在《生产与战斗结合起来》的拍摄过程中，为了满足广大人民群众和战士们对毛主席的敬仰之情和渴

▲ 毛泽东书写"自己动手，丰衣足食"

望在银幕上看到毛主席光辉形象的要求，拍摄组的同志将这一要求向毛主席做了汇报，毛主席欣然同意了。拍摄时，毛主席居住的窑洞光线很暗，当时又没有先进的照明设备，摄制组的同志请求将毛主席的办公桌摆放在院子里，借助阳光来拍摄。毛主席不仅欣然允诺，而且在拍摄过程中，又重新挥笔题写了"自己动手，丰衣足食"八个大字。这个题词，深刻、生动地概括了影片的主题，不仅给当年的这部影片增添了巨大光彩，而且也向全党和整个解放区的军民发出了粉碎国民党经济封锁的伟大号召。在延安大生产运动中，359 旅的战士们风餐露宿，在荆棘丛生的荒野烧荒垦地，开挖窑洞，修路筑桥，烧炭造纸，创办各种手工业作坊。经过艰苦的大生产运动，南泥湾变成了"陕北好江南"，五谷丰登，瓜果遍地，牛羊成群。

斗转星移，光阴荏苒，80 多年过去了，每当看到毛主席题写这八个大字的照片时，仍然倍感亲切，深感今天幸福生活的来之不易。359 旅屯田南泥湾，不仅创造了大量的物质财富，而且创造了宝贵的精神财富，形成了以自力更生、艰苦奋斗的创业精神，敢于征服困难的革命英雄主义精神和革命乐观主义精神为主要内容的南泥湾精神。

南泥湾精神是延安精神显著的标志之一，是民族精神与时代精神的融合，已经成为中华民族强大的精神支柱。这种精神，是求生存、谋发展的一种志气，一种自信心，是我们民族的灵魂。正是靠着这种精神，无数仁人志士前仆后继，找到中华民族自由解放之路；正是靠着这种精神，中国共产党领导人民战胜了前进道路上的各种艰难险阻，取得了革命、建设和改革事业的伟大胜利。

也正因如此，习近平总书记于 2015 年 2 月 13 日至 16 日在陕西考察时强调，老一辈革命家和老一代共产党人在延安时期留下的优良传统和作风，培育形成的延安精神，是我们党的宝贵精神财富。今天，全面从严治党要继续从延安精神中汲取力量……保持党同人民群众的血肉联系，始终为党和人民的事业艰苦奋斗、不懈奋斗。

版画《八路军救了我》

　　1942 年 5 月，刚来延安还不到一年的张望就参加了延安
文艺座谈会。会后，张望主动请求下乡到边远地区办冬学，最后，
他被分配到当时陕甘宁边区最穷困、最偏僻的地方——靖边县
长城区。这里常年受国民党顽固派洗劫，后来农民获得土地，
开始翻身做主人，所以对文化十分渴望，对扫文盲办冬学很积
极。到靖边县长城区后，张望与当地群众同吃、同住、同劳动，
搜集和积累了很多创作素材。这幅版画《八路军救了我》就是
张望在靖边县长城区农村去办冬学和体验生活时，根据一个真
实的故事创作的。

　　这幅作品描绘的是抗战时期"军爱民，民拥军，军民鱼水
一家亲"的动人画面，其造型简练概括，既有色彩的终极黑白

▲ 版画《八路军救了我》（又名《歌唱八路军是恩人》）

张望　1944 年　12.4 cm×16.5 cm　现收藏于延安革命纪念馆

艺术之美，又有刀木的力量之美。整个画面从右侧人物扩散开来，形成半包围构图，表现出和谐、欢乐、温馨的景象，充满了节奏性和故事性。人物动态和神态的刻画非常细腻，歌唱的蒙古族同胞、伴奏的八路军战士以及仔细聆听的八路军伤员，虽然都是坐姿，但是姿态却各不相同，神态各异、惟妙惟肖。周边的树木、椅凳和房屋，虽轮廓简练但也十分细致逼真。

艺术源于生活，张望在延安创作的《八路军帮助蒙古族同胞秋收》《选好人办好事》《儿童团》等多幅木刻作品都是他在深入群众、以群众为师、与群众打成一片，建立深厚友谊的过程中获得的创作素材。以这幅《八路军救了我》为例，张望这样说道："找到张家畔驻军医院，要走很多里茫茫无边的沙漠地带，如没有老乡带路，我是无法找到的，更谈不上创作了。"

刘巧儿与马锡五审判方式

文物：刘巧儿原型封芝琴一家的照片

文物：马锡五照片

　　朋友们，想必大家一定知道陕北说书《刘巧团圆》、秦腔《刘巧儿告状》、评剧《刘巧儿》吧！刘巧儿的故事曲折又富有传奇色彩。让我们回到 20 世纪 40 年代，一起来了解一下这个故事吧！

　　刘巧儿的原型是甘肃华池县一个偏僻山沟里的女孩——封芝琴，小时候，父亲为她取了个乳名叫封捧儿。她从小以剪纸、绣花的巧手闻名乡里。4 岁时，她被父亲许给张湾村的张柏儿为妻。1942 年，18 岁的封捧儿与张柏儿情投意合，但父亲却贪图彩礼不顾女儿的反对又将女儿许配给了别人。无奈之下，张柏儿做出了一个惊人的举动，按照当地"抢亲"的习俗，将封捧儿抢到了自己家中。封捧儿的父亲便将张家告上华池县司法处，司法裁判员未做深入调查便召集所有当事人，当庭宣布张柏儿"抢亲"无效，县警卫队还把抢亲的人全部抓了起来。

▲ 刘巧儿原型封芝琴一家

▲ 马锡五

为了讨回公道，与心上人结为夫妻，当年 4 月 4 日，封捧儿翻山越岭 80 余里来到庆阳城，向陇东专署专员马锡五告状，请求为自己申冤作主。马锡五听后，决定重审此案。经过深入调查，于 5 月 29 日，在悦乐镇召开群众大会，公开审理了封芝琴婚姻案。他先询问当地干部，了解事情的来龙去脉，然后收集附近老百姓的意见和看法，最后马锡五郑重征求当事人封捧儿的意愿。封捧儿表示："死也要嫁张柏儿！"马锡五全面分析了案情，依据《陕甘宁边区婚姻条例》，果断支持封捧儿婚姻自主的大胆行为，宣布封捧儿和张柏儿婚姻合法有效。最终，这对有情人终成眷属。婚后，封捧儿为自己起了个新名，叫封芝琴。

　　这个案子一时轰动了陕甘宁边区，当时延安《解放日报》、重庆《新华日报》等报刊接连对此进行了报道。封芝琴争取婚姻自由的故事，经过民间艺人、专业艺术家的加工，通过多种形式，从解放区到全国广为传播。中华人民共和国成立后，评剧电影《刘巧儿》上映，封芝琴的故事以刘巧儿的艺术形象走上银幕。"刘巧儿"也被誉为反对封建礼教、争取婚姻自由的代表，是中华人民共和国妇女解放的典范。

　　该案的主审法官马锡五，别名马文章，陕西保安县（今志丹县）芦草沟村人。他熟悉陕北的风土人情，了解群众的疾苦，经常有计划地下乡，到田间地头深入调查研究，开展巡回审判，"调解和审判"相结合，受到广大人民群众的欢迎。马锡五把党的群众路线和优良革命传统运用到审案工作中，创造了"马锡五审判方式"。

　　马锡五审判方式是边区司法工作中的一个伟大创举，它把司法部门办案同人民群众结合起来，人民群众直接参与审判，行驶司法权；不受形式的束缚，一切从便利群众出发；在办案中，既惩办罪犯，又教育群众，其基本点是"群众审判方式，是很民主的，走群众路线"，充分体现群众观点和民主精神。它所追求的"为民、利民、便民"和注重调解、调判结合的原则在今天仍然闪耀着历久弥新的时代光芒。

延安时期的红色体育

文物：『九一』运动会，在延河里进行游泳比赛

文物：『九一』运动会男子篮球赛

全面抗战爆发后，延安成为中国人民抗日战争的政治指导中心，许多优秀的中华儿女突破敌人的重重封锁汇聚到宝塔山下、延河之滨。这里虽然物资匮乏、生活艰苦，但他们的文化、体育生活却十分活跃、丰富。

每当天刚放亮，四面八方的哨声、号声、钟声就会响起来，人们有的整队做徒手操，有的成群结队爬山锻炼，延河周边到处是跑步锻炼的人，大家活动完顺便在清澈的延河水中洗脸、漱口。中午，篮球场和排球场总是排起长队，大家换班分队打球，球场周围站满了观众。吃过晚饭，延安的山坡及延河两岸的球场上、空地上，有整齐划一的集体舞，也有充满欢声笑语的集体游戏……处处彰显着革命乐观主义精神。

延河是天然的游泳场，到了夏季，人们在这里学习游泳、跳水，甚至离延河一二十里的人，也会不辞劳苦地徒步来到这里，度过他们紧张战斗间歇中的愉快假日。许多人来延安之前不会

▲ "九一"运动会男子篮球赛

▲ "九一"运动会，在延河里进行游泳比赛

游泳，到延安后很快便掌握了游泳技术，有的战士因为学会了游泳，在遭遇山洪暴发或与日寇武装斗争时，都用上了游泳技能。

在冰封的冬季，延河成了天然的溜冰场。傍晚，沿着蜿蜒的河床，中央机关、军委机关、中央党校、延安大学、卫生学校、民族学院、抗大、鲁艺以及工厂的很多男女青年，都纷纷来到这里滑冰……

党中央和毛泽东十分重视人民群众的身体健康，倡导干部群众积极参加体育锻炼。毛泽东、朱德、周恩来、刘少奇等中央领导以身作则，带头参加体育活动。1937年成立了陕甘宁边区体育运动委员会，1941年成立了延安大学体育系，1942年成立了延安新体育学会，提出"体育为人民服务""运动要经常""10分钟运动"等要求，并组织了各种规模的运动会。

1942年举办的"九一"运动会，是延安时期举行的规模最大的一次体育盛会。为参加这次体育盛会，延安的各机关、学校、工厂和部队都举行了基础和系统的选拔比赛。运动会开幕那天，秋高气爽，1300余名在抗日战争中担任各种工作的运动员绕场一周，朱德总司令致开幕词，他希望体育运动成为普遍与经常性的活动。

大会竞赛项目有篮球、排球、田径、游泳和军事项目等，田径场设在延河西岸的沙滩上，游泳、跳水项目安排在延河，篮球、排球场建在北山根一块平地上，赛场附近的山坡成了观众的天然看台。还有马术、武术、武装渡河、摔跤和单杠等表演项目，比赛持续进行了6天。

参赛的选手中，有抱着孩子的母亲运动员，有驰骋沙场的骑兵，有从边区各工厂选拔出的工人运动员……大会为参赛选手准备了西红柿和煮鸡蛋以补充体力。比赛中，许多运动员穿着自制草鞋参加竞技，有的甚至光着脚跑万米……

重视体育历来是我党的优良传统。体育强则中国强，国运兴则体育兴。延安时期的红色体育，为中华人民共和国体育事业积累了宝贵经验，为我们今天推进全民健身运动树立了典范。

高唱东方红　建设新中国

文物：李有源照片

"东方红，太阳升，中国出了个毛泽东……"

这是 70 多年前一位叫李有源的陕北农民用当地民歌改编而成的《东方红》。

李有源，陕西榆林佳县人，出色的农民文艺爱好者，既会拉板胡，又会弹三弦，还能编唱秧歌词。党中央、毛泽东到达陕北后，贫苦农民得到翻身解放，这位饱受生活磨难的农民歌手，过上了丰衣足食的好光景，他从内心深处想编唱一首能更好歌颂共产党和毛主席的歌。

1942 年初冬的一个早晨，李有源挑着担子进城卖柴禾。他看到一轮红日从东方冉冉升起，万丈光芒普照大地，照得他浑身暖洋洋的。望着红彤彤的太阳，他出神地想："化育万物的是太阳，拯救穷人的是共产党。要打起比方来，说毛主席是咱穷人的贴心人，那是再对头不过了。"于是，几句歌词从他心

▲ 李有源

里涌出：

> 东方红，太阳升，
>
> 中国出了个毛泽东。
>
> 他为人民谋生存，
>
> 他是中国人民大救星。

当天晚上，李有源将想好的歌词写在了麻纸上。刚开始创作的是一首秧歌词，但他又想，这秧歌词只有在春节闹秧歌时才唱，如果配上民歌曲调，随时随地都可以传唱。于是，他为这段词配上了民间熟悉的《骑白马》的曲调。就这样，伟大颂歌《东方红》在这简陋的窑洞里，在如豆的油灯下诞生了。

李有源编唱出《东方红》的时候，正是缴公粮的季节，为了宣传缴公粮的重要意义，他又创作了《缴公粮》。

李有源的侄子李增正有一副天生的好嗓子，是张家庄周围有名的伞头。1943年春节，张家庄秧歌队进城演出，李增正把两首歌连在一起，先唱《东方红》，再唱《缴公粮》，语言通俗朴素，曲调激昂亲切，唱出了劳动人民的共同心声，很快就传遍了陕甘宁边区。

1945年5月，《东方红》作为党的七大献礼在中央党校礼堂正式演出。从此，一传十，十传百，百传千千万。1949年，《东方红》在中华人民共和国开国大典上，被定为第一支迎宾曲。1964年，由周恩来亲自策划，中宣部、文化部、解放军总政治部组织70多个单位3000多人，创作了大型音乐舞蹈史诗《东方红》，于10月2日在北京人民大会堂第一次演出。1970年，我国第一颗人造地球卫星——"东方红"一号发射成功，由此开创了中国航天史的新纪元，卫星通过电波一遍又一遍地播放着《东方红》乐曲，这一刻，全中国人民都感受到了一种无与伦比的兴奋和自豪。

《东方红》是亿万人民对毛主席、共产党的颂歌。它像长了翅膀，翻越群山，唱遍了全中国；飞江过河，传遍了全世界。多少年来，它以强大的凝聚力，把全国各族人民紧紧地团结在中国共产党周围，为实现中华民族伟大复兴而努力奋斗！

张闻天与延安农村工作调查团

文物：张闻天率领的延安农村工作调查团成员在神府调查时的合影

1942 年 1 月至 1943 年 3 月，张闻天率领的延安农村工作调查团在陕北和晋西北进行了为期一年多的社会调查。这张图片就是调查团成员在神府调查时的合影。

延安整风运动中，毛泽东强调"没有调查就没有发言权"，要求广大党员干部通过调查研究，深入了解中国社会实际，了解中国革命的特点和规律，学会把马克思主义基本原理与中国革命具体实际相结合。之后，中央机关、各群众团体、西北局和陕甘宁边区政府，都先后派出调查团、考察团等，深入基层调查研究。

张闻天是中国共产党重要领导人之一，1938 年后，主管全党理论宣传和干部教育工作。1941 年 9 月，在中共中央政治局扩大会议上，毛泽东做了反对主观主义和宗派主义的报告，张闻天发言表示拥护。经中央批准，张闻天抽调刘英、马洪等八名干部，组成调查团。因张闻天最初选定的调查地区是晋西北，

▲ 张闻天（中）率领的延安农村工作调查团成员在神府调查时的合影

所以在调查期间他化名"张晋西"。

1942年1月26日清晨，张闻天率领延安农村工作调查团经延川、清涧、绥德，开始对神府、兴县、杨家沟、绥德、米脂等地进行调查。这是中共历史上一次著名的调查，具有很大的政治意义和理论价值。

在中共神府分委和县政府所在地贺家川的8个自然村，张闻天一行采用分析法将生产力分为土地、劳动力等14个方面，将生产关系分为土地分配、租佃关系等24个方面进行详细调查，采用综合法写成《贺家川八个自然村的调查》报告，对农村经济发展的趋势做出了估计。

在兴县碧村等自然村，张闻天一行对土地租佃情况进行了调查。他强调："基层是检查领导工作的一面镜子，必须在实际中、在群众中审查我们的工作。"整理出调查报告《碧村调查》，被毛泽东称赞"对我们工作很有益处"。

在米脂县杨家沟，张闻天一行采用典型调查法，对最大的一家殷实地主马维新进行了重点调查，写成了《杨家沟地主调查》报告，详尽分析了马维新兼并土地的活动，包括租佃关系、借贷关系、雇佣关系以及商号经营情况。

在农村调查时，张闻天大都住在农民家里。在直接调查的村庄，他几乎走访了所有农户，每次走访都做记录，整理好后还向群众和基层干部询问资料是否属实，意见是否切合实际。

调查结束后，张闻天集中精力总结了一年多来调查研究的体会，写成了《出发归来记》，集中反映了他的调查研究思想。毛泽东一口气读完，评价说写得很好，并批示中央各位同志都要读一读。

张闻天开始调查的根本目的是"补课"，是从改造世界观的高度做调查研究的，他认为最重要的收获在于接触实际、联系群众，冲破教条的囚笼，不再空谈"理论与实际的联系"，用实际行动为全党做出了榜样。

张闻天率领延安农村工作调查团进行的晋陕调查，是一次大规模农村调查的成功范例，为我们留下了宝贵的精神遗产，对加强党性修养、转变工作作风具有十分重要的意义。

合作社的模范——刘建章

文物：刘建章照片

　　朋友们，我们现在看到的这张照片上的人物是刘建章同志。刘建章，陕西佳县乌龙镇刘家渠人，他历任延安县（今延安市）南区合作社会计、主任，延安县联社主任、分区联社代理主任、陕北合作局局长，多次获得毛泽东的接见，受到陕甘宁边区政府的嘉奖。1942年，毛泽东为刘建章题词"合作社的模范"。1943年，在陕甘宁边区劳模大会上，刘建章当选为边区模范经济工作者，1944年在边区合作社联席会议上，刘建章又被选为特等合作英雄。

　　1936年冬季，延安县南区经过土地改革后，决定重建此前试办过的合作社。当年12月，南区合作社在沟门正式成立，主任王天经、会计刘建章、采买李生章，有社员160余人。1937年3月，刘建章出任南区合作社主任。因为延安县南区曾经创建过一个合作社，没办多久就"塌台"了，所以再次创办合作社，面临的最大问题就是老百姓不信任。

　　刘建章没有埋怨群众，而是打定主意用实际工作赢得群众的信任。他向朋友借钱，和同事李生章一起冒险去国统区买进

▲ 刘建章

生活必需品，然后走街串巷，挨家挨户上门卖给老百姓，并借机给老百姓宣传参加合作社的好处。他还许诺，凡是愿意参加合作社的乡亲，可以优先购买到食盐、火柴等日用品。3 个月下来，他们销售了 600 多元的货，净赚 20 多块钱的红利，让社员们刮目相看。南区的乡亲们开始陆陆续续地拿"苏票"入股了，在刘建章等人精打细算的努力下，南区合作社第一期经营赚得毛利润 199.44 元，这极大地激发了大家参股入社的热情。

刘建章认识到，如果拘泥于现金入股，就等于把众多老百姓排斥在合作社之外，所以他大胆地开创和推行"供应社员消费品入股""包干制供应社员所需的生产和生活资料入股""吸收老年人防老准备办买寿材衣服的钱、娃娃压岁钱、老太太首饰银器入股"等，千方百计地将农村各式各样的游资吸收进来，壮大合作社的力量，反过来再为群众服务。这种实物折价入股的方式，成为充实合作社的好办法。

刘建章坚持为群众利益而算大账。在农具与日用品的销售方面，南区合作社销售的犁铧往往比市价低 25%~50%，盐价更是便宜三成，火柴低二成。这样做生意，虽然明知吃亏，但对群众有利，他们义无反顾地坚持了下去。

刘建章还主持办起了教育合作社，解决社员子女教育负担问题。家长每年拿 1 石小米作为教育股金，不再有其他支出；学生在校期间的一切食宿等费用，全由沟门信用社负责，不足部分则由公益金弥补。1944 年开学时有学生 14 人，年底发展到 24 人，1945 年发展到 40 人，有的家长不远百里将子女送到沟门教育合作社。1946 年新合工厂与学校合并，改为"南区合作职业学校"，将学文化、学技能融为一体，使学生在校是学生，在家是小先生，在工厂是技工，这样的模式家长喜欢，学生高兴，群众拥护，其效果之好，超乎想象。

刘建章有着深厚的群众感情，他见不得群众受苦，见不得群众吃亏，只要是为了群众好，别人想不到甚至不敢想的，他都会去想，不仅能想，而且敢想就敢做。他的很多想法，被人认为是异想天开，或者超出常规，但刘建章都敢于去试、去闯。这种全心全意为群众服务的精神，永远值得我们学习。

模范县长刘秉温

文物：毛泽东在西北局高干会上为延安县县长刘秉温的题词

　　眼前这幅奖状，颜色有点泛黄，上面书写的"善于领导群众"六个大字，是毛泽东在西北局高干会上为延安县（今延安市）县长刘秉温的题词。

　　刘秉温，陕西横山人，1937年9月陕甘宁边区政府成立后任延安县县长。他始终以党和人民的利益为重，带领全县人民积极开展生产运动。特别是他组织的改造"二流子"运动，为延安时期发展生产、端正社会风气发挥了重要作用。

　　"二流子"是陕北农村对不务正业、游手好闲、不从事生产者的统称。曾有歌云："延安府，柳根水，十有九个洋烟鬼。"这些"二流子"穿着破破烂烂、精神萎靡不振，经常吸食鸦片、赌博、跳巫神，不仅自己不生产、不缴税，还经常敲洋腔、说怪话，影响他人的积极性。因此，在延安，党中央掀起了改造"二流子"运动。

▲ 延安县县委书记王丕年（后排左一）、延安县县长刘秉温（前排左一）与延属分区领导合影

刘秉温对延安县"二流子"的情况做了深入调查，根据有无正当职业、对待生产的态度、顾不顾家等因素，制订了切实可行的改造方案。

有名的"二流子"阮侯蛋本来是个穷光蛋，在党和政府的帮助下分了土地、娶了媳妇，但自己游荡成性、不务正业，把家产浪荡了个精光，还被特务拉下水，干起了坏事。刘秉温得知后，多次登门了解情况，说服教育，动之以情、晓之以理，并为他支援两斗谷米、协调了千元贷款。阮侯蛋深受感动，坦白了自己干过的坏事，还通过努力，完全革除了不良嗜好，积极投入到生产劳动中。

在刘秉温和广大干部群众的共同努力下，改造"二流子"运动取得了显著成效，被改造了的"二流子"每人每年至少生产粮食 1 石 5 斗，他们这些人一年就能生产 8300 余石。您知道这是个什么概念吗？这 8300 余石粮食可是 1 万人 1 年的口粮啊！

毛泽东对此高度赞誉，他说："动员'二流子'参加生产，不但增加了劳动力，而且消灭了坏人坏事，取得了人民的拥护，巩固了社会的安宁。" 1943 年 1 月，刘秉温在中共西北局高干会上被评为模范县长，毛泽东为他题词："善于领导群众"。

步入新时代，我们共产党员和领导干部都要像刘秉温那样，贴近实际，贴近群众，做践行群众路线的模范，做全心全意为人民服务的模范。

群众与领袖

    在摄影家吴印咸的众多作品中，有这样一张照片：照片中有一位站在毛主席身旁，皮肤黝黑，头裹白羊肚手巾的中年人，他叫杨步浩。每当看到这张照片时我们就会想起毛主席和杨步浩之间的深厚情谊。

    杨步浩，陕西横山人。1929年陕北遭遇大旱，为了活命，杨步浩携带全家老小，背井离乡，逃荒讨饭，辗转落户至延安县石家畔。为了谋生，杨步浩只能靠租种地主土地和替人打工维持生计。后来，红军长征到达陕北，实行土地革命，废除了封建剥削和债务，杨步浩和全村农民都分到了土地，彻底翻身做主人。从此，他便认准了共产党，只要跟着共产党就会过上好光景。

    1943年农历正月十五，杨步浩在王震将军的邀请之下来到南泥湾359旅驻地，指导生产，交流经验。当听到王震旅长说党的领袖毛主席、朱老总和战士们一样开荒种地时，杨步浩

▲ 毛主席与杨步浩秧歌队队员合影

的心里久久不能平静，寻思着："毛主席、朱总司令为咱受苦人当家翻身得解放操碎了心，他们的生产任务，我能不能代他们完成呢？"回到延安后，他多次请求县委，要为毛主席代耕。第二年麦收后，杨步浩赶着三头毛驴，将晒干、扬净的一石新麦送到杨家岭，替毛主席缴了公粮。毛主席亲切会见了他并当面表达了感谢。当问他为什么要为自己代耕时，杨步浩含泪介绍了自己的苦难身世，最后说："吃米不忘种谷人，穿青不忘种靛人。我过上了幸福生活，不能忘了共产党和您的恩情呀！"从此，杨步浩和毛主席之间往来频繁得就像一家人。

杨步浩在毛主席、朱总司令的关怀和鼓励下，生产劲头更足了，不仅生产搞得好，而且热心公益事业。在杨步浩的影响下，川口区六乡成了模范乡，他也被评为陕甘宁边区甲等劳动英雄。他给主席代耕也一直坚持到1947年党中央离开延安。

中华人民共和国成立后，毛主席始终不忘老区人民，不忘延安。1973年，周恩来回延安时还特意接见并转达了毛主席对杨步浩的问候及思念。杨步浩于1952年、1961年、1975年曾三次去北京看望毛主席，两次受到毛主席的亲切接见。

1977年，延安遭遇了一场特大洪水，72岁高龄的杨步浩不幸遇难。一代伟人与他的农民朋友相继离世，为他们的交往和情谊画上了句号。

他们虽然不在了，但是他们交往的历史永在、情谊永在、精神永在。

"实事求是" 石刻的故事

文物：「实事求是」石刻

　　在延安革命纪念馆里陈列着四块二尺见方的题字石刻，上书"实事求是"四个苍劲有力的大字，这是延安时期毛泽东为中央党校新建礼堂的题词，后中央党校将其作为自己的校训。

　　1943 年，为了给学员创造更好的学习环境，活跃师生的精神文化生活，中央党校修建了一座占地 1200 平方米，可容纳千余人的大礼堂。将要竣工时，人们左看右看，虽然建筑物雄伟、宽敞，可总显得少点儿什么。这时校方有人提议在正面墙上悬挂个题词，说到题词大家就很自然地想到文采、书法俱佳的范文澜先生，可范老接受这一请求后试着写了几条，连他自己也不满意，于是校方便去找毛主席。主席欣然接受了党校同志的请求，立即叫人拿来四张麻纸，沉思片刻，即饱蘸浓墨、挥毫疾书，瞬间，"实事求是"四个雄健、潇洒的大字跃然纸上！

　　题词拿回来后，党校决定制成石刻，便立即找来了能工巧匠，选了四块方方正正的石料，将麻纸铺在方石上，照笔画开凿，字形不差分毫。坚硬的石材，配上毛泽东刚劲有力的书法，物质与思想的完美结合，载体与内容的相得益彰，使得这一石刻镶嵌在礼堂正面墙的上方之后，犹如画龙点睛之笔，使礼堂熠熠生辉。

　　在中国共产党历史上最早提出"实事求是"思想的是

▲ "实事求是" 石刻

毛泽东。其实，毛泽东早年参加革命活动时，就非常重视了解实际情况，注意调查研究。在湖南长沙求学时，毛泽东多次爬岳麓山，而山上岳麓书院的门楣上就挂着"实事求是"的匾额，应该说，那个时候这几个字就给毛泽东留下了深刻的印象，而且引发了他深入的思考和追求。

1930 年 5 月，毛泽东写出了《反对本本主义》，明确提出："中国革命斗争的胜利要靠中国同志了解中国情况"，短短 21 个字，一口气说了三个"中国"，这里已经有了"实事求是"的思想意蕴。

1937 年 4 月至 8 月，毛泽东亲自为抗大学员讲授《实践论》和《矛盾论》两篇哲学著作，为"实事求是"思想路线奠定了坚实的理论基础。

1938 年在六届六中全会上毛泽东向全党提出使马克思主义中国化的号召时，首次提出了"实事求是"这一概念。

1941 年 5 月，在《改造我们的学习》的报告中，毛泽东第一次对"实事求是"做了科学解释："实事"就是客观存在着的一切事物，"是"就是客观事物的内部联系，即规律性，"求"就是我们去研究。"实事求是"就是从实际情况出发，理论联系实际，通过研究马列主义的理论，解决中国革命的实际问题。经过延安整风运动，党的七大将"实事求是"正式写入党章。从此，"实事求是"的思想路线在全党确立。

1947 年 3 月，国民党胡宗南军队进攻延安，礼堂遭到破坏，石刻随墙倒塌被埋入地下。1955 年夏，延安师范（原中央党校旧址）在基建时挖出了这四块石刻，将其交给延安革命纪念馆保存，定为馆藏国家一级文物。

历史在前进，时代在发展。党的十八大以来，以习近平同志为核心的党中央，更加坚定的坚持"实事求是"的思想路线，把马克思主义的基本原理同中国革命具体实践相结合，团结带领全国广大人民进行伟大斗争、建设伟大工程、推进伟大事业、实现伟大梦想，推动党和国家事业取得全方位、开创性的历史成就，中华民族迎来了从站起来、富起来到强起来的伟大飞跃。

如今，"实事求是"依然是中央党校的办学宗旨，依然是中国共产党的立党之本，它早已成为我们一切行动的指导思想，而承载这一光辉思想的四块石刻，更是延安革命纪念馆珍藏的国家一级文物，受到千千万万参观者的景仰、珍视！

王补梅——军队人民的母亲

朋友们，在我们面前的是一面特殊的锦旗，长 69 厘米，宽 45 厘米，是晋绥军区后勤荣誉队赠给拥军模范王补梅同志的锦旗。上面印着几个醒目的字"王补梅同志，军队人民的母亲"。今天让我们一起走近王补梅，去聆听她和人民军队的故事。

王补梅，1896 年出生在陕西神木县（今神木市）马镇乡栽子沟村，家境极为贫寒，14 岁时被卖到王家后圪村做童养媳，丈夫王侯小以揽工为生。

1935 年，在神府苏区第二次反"围剿"中，王补梅一家藏在贺家山一座山洞里，这里遂成为红军隐蔽所，后来又成了"红军医院"。王补梅与 6 岁小女儿每天采药、熬药，为伤病员换洗衣服、洗伤口、喂药，忙个不停；她丈夫负责警戒和传递情报；大女儿和儿媳到处寻找野菜、山枣，为大家充饥。米脂游击队队长马腾宝负伤入"院"后，两天一夜昏迷不醒。家

▲ 王补梅"军队人民的母亲"锦旗

▲ 红军家属优待证

里没有粮食，王补梅心急如焚，冒险下山找来粮食，熬成米汤，给他灌食。马腾宝痊愈归队时，拉住王补梅的手，边哭边说："妈妈，我要更勇敢地杀敌人，来报答你的恩情！"

全面抗战时期，神府地区是晋绥边区的可靠后方。1939年，八路军120师荣誉队的10多位残疾军人被转移到王家后圪村。王补梅把伤员安置到自家休养，承担起照顾伤员的重任。为了方便用水，她家的锅灶一天也不熄火；看到谁衣服破了，赶忙上前缝补。为了把省下的粮食留给伤员吃，全家经常吃糠咽菜，伤员们知道后十分感动，每个人都亲切地喊她一声"妈妈"。

王补梅虽然没有文化，但却喜欢听"八路军抗日"的故事。她常说："谁爱护穷人，我就为谁家"，并用自己的实际行动践行诺言。战士们有时想送东西给她，她推辞道："你们不要送，公家也困难。"战士伤愈临别前，王补梅拄着拐杖送了一程又一程。战士们齐声喊着："妈妈，等到革命胜利了我们再来看您！"

1943年，中共中央决定在抗日根据地开展"拥政爱民"和"拥军优抗"运动，即"双拥运动"。1944年12月，在晋绥边区第四届群英会上，战斗英雄们一致提议，授予王补梅"军队妈妈"称号，她被评为"特等拥军模范"。抗战胜利后，为了表彰她的拥军事迹，晋绥军区、八路军120师荣誉队等单位共赠给她24面锦旗。其中，晋绥军区后勤荣誉队赠送的锦旗上写着"军队人民的母亲"，就是今天我们看到的这件珍贵文物。

1957年9月，王补梅将锦旗捐赠给延安革命纪念馆。如今，锦旗上已留下岁月的斑驳痕迹，但"军队人民的母亲"几个大字却愈发耀眼。

军爱民，民拥军，是我们党的优良传统。正如习近平总书记所说："'双拥运动'是我党我军我国人民特有的优良传统和政治优势。坚如磐石的军政军民团结，永远是我们战胜一切艰难险阻、不断从胜利走向胜利的重要法宝。"

革命是我终身的寄托——王稼祥的初心和使命

文物：王稼祥在延安照片

朋友们，现在我们看到的这张照片是中国共产党的优秀党员、伟大的马克思主义者、中国共产党杰出领导人之一王稼祥。在波澜壮阔的革命生涯中，他不忘初心，牢记使命，为中国革命胜利和社会主义事业的发展，为丰富发展党的思想理论呕心沥血，殚精竭虑，建立了不朽的功勋，做出了卓越的贡献。

王稼祥踏上漫漫革命征途，是 1924 年从安徽芜湖圣雅各中学开始的。这是一所教会学校，课程大都由洋人执教，王稼祥很讨厌祈祷、谢恩那些事，有时就索性躲起来看进步刊物。在这里，他结识了革命引路人恽代英，由此立志救国，发出掷地有声的誓言："革命是我终身的寄托"。

1925 年 3 月，王稼祥不顾校方禁令，冲破洋人的重重阻拦，与进步师生共同悼念孙中山先生，并做了《三民主义与中国》

▲ 王稼祥

的演讲。4月，王稼祥倡议创办的《狮声》创刊号向全国发行，解读社会新思潮，报道要闻动态，抨击帝国主义侵略和汉奸卖国罪行。5月，王稼祥等人发起"收回教育主权，反对奴化教育"的爱国主义斗争，震撼了省内外。

1934年10月，重伤未愈的王稼祥躺在担架上开始了长征。1935年1月，在决定党和红军前途命运的遵义会议上，王稼祥旗帜鲜明地支持毛泽东的主张："我同意毛泽东同志的发言，由毛泽东指挥中国工农红军。"王稼祥的观点，得到了绝大多数同志的支持，对确立以毛泽东为代表的党中央的正确领导、实现中国革命的伟大转折发挥了重要作用。

1937年6月，王稼祥受中共中央派遣赴苏联治病，并向共产国际汇报工作。他积极向斯大林和共产国际领导人介绍中国革命的实际情况，介绍红军长征胜利和抗日民族统一战线的建立，以及毛泽东的思想主张在中国革命中的重要作用，取得斯大林、季米特洛夫的理解和支持。在党的六届六中全会上，王稼祥传达了共产国际的指示和季米特洛夫的意见，对于统一全党的思想认识，确立以毛泽东为首的中共中央的正确领导起了重要作用。

1943年7月8日，延安《解放日报》头版刊载了王稼祥的文章《中国共产党和中国民族解放的道路——纪念中国共产党二十二周年与抗战六周年》，首次使用了"毛泽东思想"这一科学概念。他把中国共产党的成长壮大与毛泽东思想形成发展紧密结合，指出："毛泽东思想就是中国的马克思列宁主义，中国的布尔什维克主义，中国的共产主义。"为党的七大确立毛泽东思想的指导地位做了思想上的准备。

王稼祥是中华人民共和国第一位驻外大使，也是第一位由毛主席亲自点将、第一位手持共和国元首亲笔签名并加盖私章的国书赴任的中国大使。王稼祥为推动缔结《中苏友好同盟互助条约》和两国的友好合作，倾注了全部心血，发挥了重要作用。

"文化大革命"中，王稼祥遭到了污蔑和严重迫害。1972 年，身体已经十分虚弱的王稼祥致信毛泽东、周恩来，请求从事一点儿力所能及的工作。这位伟大的无产阶级革命家在生命的最后日子里牵挂的仍然是党的事业，这正是王稼祥忠心耿耿、鞠躬尽瘁的真实写照，实现了他以革命为"终身寄托"的铮铮誓言。

版画《王家沟村选大会》

文物：版画《王家沟村选大会》

　　1943 年，彦涵从太行山抗日根据地回到阔别已久的延安。当时，延安军民正在开展轰轰烈烈的大生产运动和各项民主改革，陕甘宁边区努力发扬民主政治，要求采取普遍、直接、平等、无记名的方式进行投票，做到让每一位享有选举权和被选举权的选民都能行使好自己的权利。这样彻底的民主令彦涵十分动容，更激起了他极大的创作热情。就在延安的窑洞里，彦涵创作出了一批表现延安民主生活的经典作品，这幅《王家沟村选大会》就是其中的一件。

　　画面顶部是点名作品主题的横幅，正中央舞台上摆着一张铺布方桌，上边放着选举大会所用的投票箱。方桌周围和舞台上下站满了积极参与投票的村民，甚至连抱着小孩的妇女也跃跃欲试。舞台两侧的柱子上张贴着"实行民主"和"新民主主义万岁"两条标语。画面的右上方挂着一口大钟，象征着警示、

▲ 版画《王家沟村选大会》

彦涵　1944 年　17.3 cm×12.5 cm　现收藏于延安革命纪念馆

肃穆，体现了当时中国共产党领导下的陕甘宁边区浓厚的民主氛围和获得民主权利的劳动人民的民主参与热情，以及他们对于自身民主权利的重视。

在这幅描绘王家沟村选举大会场景的作品中，彦涵将真实的历史瞬间通过精湛的刀法艺术地呈现出来，深刻揭示了当时农村生活发生的巨大变革，标志着中国农民在几千年封建制度下的一种民主意识的觉醒。这幅作品因为具有浓厚的民主制度象征意义和内涵而成为宣传党的政策和主张、记录边区民主政权下社会新变化和人民新生活的艺术经典。

用实干交出"挑战答卷"

文物：高兰英写给纺织英雄黑玉祥的挑战书

"女劳动英雄黑玉祥：听说你是延川县的劳动英雄，我有点不服气，要和你竞赛一下，你敢吗？"这是大生产运动期间延川县永远区张家河村妇女高兰英写给本区纺织英雄黑玉祥的挑战书。那么，这位黑玉祥又是什么样的人？为什么会受到他人的挑战呢？

1940 年，日本帝国主义实行"三光政策"，而国民党顽固派对陕甘宁边区实行军事包围、经济封锁，"不准一斤棉花、一粒粮食、一尺布"进入边区，由此，党中央、毛泽东发出了"自己动手，生产自给"的伟大号召。一时间，山坡上、沟道里，红旗招展，镢锄飞舞，歌声、笑声、口号声、加油声此起彼伏，随风飘向边区的每一个角落，向人们讲述着大生产运动的紧张、忙碌与热烈。我们今天故事的主人公黑玉祥就是这场史无前例的伟大创举的亲历者之一。

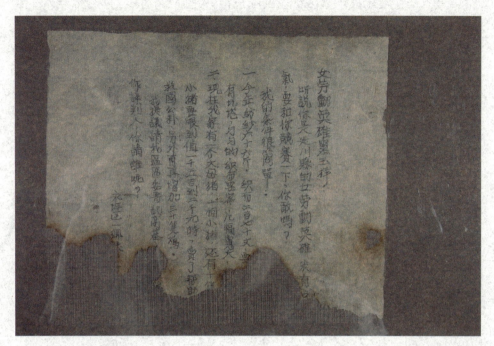

▲ 高兰英写给纺织英雄黑玉祥的挑战书

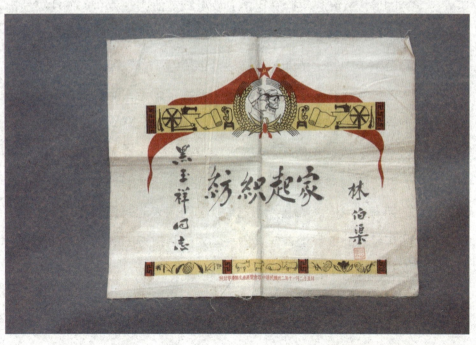

▲ 黑玉祥"纺织起家"奖状

黑玉祥，延川县永远区徐家河村一位普通妇女，依靠勤俭和劳动，供给了娃娃，养活了曾经是"二流子"的丈夫，改善了全家生活。她农忙时，上山种地；农闲时，昼夜纺织。她积极参加生产，终年勤劳不懈。大生产运动以来，黑玉祥共织布368丈，纺线165斤，被延川县评为"纺织第一""女中模范"。但因为丈夫屡教不改，她日夜焦虑、积劳成疾。

1943年，久病未愈的黑玉祥，依然坚持生产，不仅在10个月内纺花40斤，织布2000尺，做鞋10双，提前完成全年生产计划，还成功劝勉丈夫朱占元改邪归正，帮助种地十三垧。1943年11月16日至12月16日，在陕甘宁边区召开的第一届劳动英雄大会上，黑玉祥因为纺织又快又多、又细又匀，规劝丈夫参加生产成功，被评为"乙等劳模英雄"，受到边区政府的嘉奖。她不仅收获了一张林伯渠主席亲笔书写的宽32厘米、长38.5厘米的"纺织起家"的奖状，还得到了一辆纺车和1万元的奖励。从此，黑玉祥成为努力生产、丰衣足食的榜样，成为闪耀边区的模范，也成为边区人民学习的楷模。就连关中分区的妇女劳动英雄张芝兰也忍不住来找黑玉祥讨教每天织布2丈，四天纺花1斤、做鞋1双的经验。然而，在那时的延安，乃至整个中国，诸如黑玉祥这样依靠双手，以普通人的平凡书写不平凡人生的妇女还有很多。她们朴素、贤惠、勤劳，而黑玉祥只是中国千千万万个劳动妇女的缩影。

"民生在勤，勤则不匮"。我们唯有坚定信心、立足本职，以劳动英雄为楷模，以劳模精神为指引，用汗水浇灌幸福生活的种子，用智慧点亮美好时代的荣光，用信念唱响劳动光荣、创造伟大的时代强音，才能在实现自我价值和梦想的征程上，勾勒出一幅为梦想拼搏的时代长卷，谱写出属于我们这代人的时代乐章。

延安小纺车

文物：小纺车

　　朋友们，我们面前这架小纺车，长不过三尺，重不足十斤，虽结构简单，却有着一段不平凡的经历。全面抗战时期，延安人民用它摇出了坚强的抗战信念，摇出了丰衣足食的火红岁月！

　　抗战进入相持阶段后，国民党顽固派对陕甘宁边区实施军事包围和经济封锁，他们在通往边区的大小路口设立关卡，严禁棉花、布匹入境。为此，延安军民不得不"夹改单，长改短，两件补成一件穿"。朱德总司令倡导的"新三年，旧三年，缝缝补补又三年"成为延安军民的座右铭。尽管如此，数万名非生产人员仅靠节衣缩食，并不能克服困难。于是，一场轰轰烈烈的大生产运动迅速开展起来。

　　朱德总司令在深入基层考察中，发现了延长、延川等县的农民用古老的纺车纺线织布，所织的布结实耐穿，立即号召大家开展"纺线运动"。于是，纺车走进千家万户，也成了周恩来、

▲ 小纺车

张闻天、朱德、任弼时等中央领导同志住室中的日常用具，工作间隙，他们就坐下来摇起纺车。朱德总司令还定了一条规矩："有同志来谈工作，首先问你会不会纺线，若不会，就手把手教给你，直到你掌握要领后再谈工作。"董必武夫妇撤离延安时，精简了许多东西，唯有这架纺车舍不得丢掉，一直把它带到了西柏坡。

为了提高纺线的数量和质量，中央机关曾在枣园书记处礼堂举行了纺线比赛。那是 1943 年的秋天，从重庆回来不久的周恩来和任弼时也参加了这次比赛。别看他们一个右臂骨折，一个患有高血压，但他们俩互相鼓励，毫不示弱。只见他们俩右手紧紧地摇，左手均匀地拽，一团团雪白的棉花像变戏法一样，变成了见头不见尾的缕缕银线。评选结果，双双获得"纺线能手"称号。

小小纺车，纺起线来，那声音是温柔的、有节奏的。若一架独鸣，那吱扭吱扭的声音，如儿时梦里奶奶的呢喃，总是那样的甜蜜；若数十架、百架合奏，那又是另一番情景。曾有幸置身其中的著名散文家吴伯箫做过这样的描述："那是盛大的节日赛会的场面。只要想想天地是厂房，深谷是车间，幕天席地，群山环拱，世界上哪个地方哪个纺织厂有这样的规模呢？"

当时，有人编了一首"纺车谣"，在边区普遍流传。人们一摇起纺车，就情不自禁地唱了起来：

小小的那个纺车呀吱扭扭地转，

摇起了那个纺车纺线线。

别看这纺车小呀，

力量大无边。

边区闹生产，

打碎敌人封锁线。

毛主席号召哟，呼啦啦传。

自己动手干哟，

有吃又有穿。

气得蒋介石，

扑闪扑闪干瞪眼。

如果把延安大生产运动比作一支高亢的交响乐，那么，这小小的纺车就是其中的一个强音符。流逝的历史如大江东去，但我们透过这架纺车，仿佛又听到那支雄壮的交响乐。

　　今天，这架小纺车虽已停止了那一遍遍的吟唱，但它时刻在提醒人们：不要忘记过去，因为忘记历史的民族，是一个没有希望的民族。纺车所凝聚的自力更生、艰苦创业的延安精神，正是我们用时代的彩笔描绘美好明天的不竭动力！

小小纺线能手——吴萍

在延安革命纪念馆众多陈列中，还原了这样一个大生产运动时期的场景：为解决陕甘宁边区军民穿衣难的问题，上至八十岁老人，下至七八岁的娃娃，人人都学会了纺线。一位年仅七岁的小姑娘，靠她的一双小巧手，获得了边区"劳动模范"的荣誉称号。这个小女孩，就是八路军 120 师 359 旅四支队供给处干部吴承恩的女儿——吴萍。

这天，小吴萍跟着妈妈参加了动员军人家属参加纺线的大会，她深受鼓舞，认真地说："叔叔们都在开荒生产，妈妈和阿姨们也在纺线，都是为了打日本鬼子。我也要学习纺线。"第二天，小吴萍早早地就跑去找团长要纺车。团长有点儿奇怪，便问她："你个小女娃娃要纺车做什么？"小吴萍挺胸抬头，一字一句地说："我要像妈妈和阿姨们一样学习纺线自给哩。"团长听了，哈哈大笑，夸奖她："嗬！我们的小吴萍有志气！不愧是红军的好后代，明天就发给你一架纺车。"

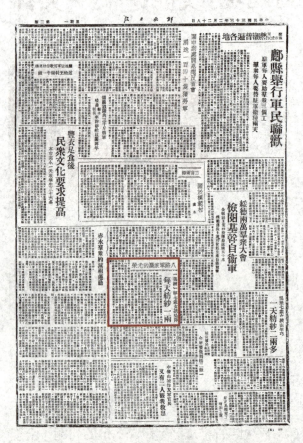

▲ 《解放日报》关于小吴萍先进事迹的报道

▲ 小吴萍正在纺线（延安革命纪念馆展览场景）

为了鼓励她，团长亲自为她做了一架小纺车，可是，纺车在小吴萍的手里怎么也不听使唤。虽然有妈妈的指点，但她纺的线一会儿粗了，一会儿细了，一会儿线又断了。妈妈心疼地劝她："歇歇吧！喝点水再纺吧。"可小吴萍却说："我一定要学会纺线，好让叔叔们穿得暖暖的去打日本鬼子。"功夫不负有心人，小吴萍在妈妈的帮助下，渐渐地学会了纺线，而且越来越熟练。有一天，她竟然纺出了一两上等线！从此，她每天天不亮就起床，除了吃饭、睡觉外，把时间都花在了纺线上。小吴萍纺线的事迹很快传遍了部队，许多干部、战士、家属都受到鼓舞，开荒、纺线的劲头更足了。成人每天能纺二三两，小吴萍每天竟能纺一两多，小吴萍成为陕甘宁边区最小的劳动模范。

　　1944 年年初，小吴萍的先进事迹被刊登在《解放日报》上，激励着边区的男女老少更加积极地投身到大生产运动中。

　　当年，小吴萍就是用一架普通的纺车，摇出了坚强的抗战信念，摇出了丰衣足食的火红岁月！

"埋头苦干"的陈振夏

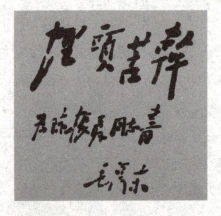

文物：毛泽东为陈振夏题词『埋头苦干』

　　朋友们，"埋头苦干"这四个字，大家一定都很熟悉吧，但你知道这是毛泽东为谁题写的吗？这就要从陈振夏讲起。

　　陈振夏，上海市崇明县（今崇明区）港东乡人，出身贫苦人家。幼年时在上海模范工厂当实习生，长大后当过工人、司机、船员。1925年开始在中华电气制造所工作，随后又在上海招商局工作，做过工程师和轮机长。卢沟桥事变爆发后，他投身抗日救亡斗争，参加了江阴沉船封江行动。

　　1937年，陈振夏在武汉认识了杜重远，逐渐接受了共产党的主张，觉得中国的希望在延安，于是便想到延安去。经杜重远介绍，于1938年1月4日抵达延安。在延安住了二十多天后，陈振夏心里焦急起来，专门跑去找李富春要求工作。其实，陈振夏并不知道，已经有一个重要的任务将要落在他的身上。李

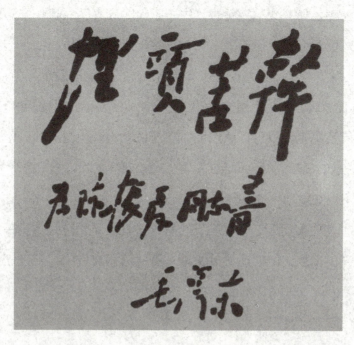

▲ 毛泽东为陈振夏题词"埋头苦干"

▲ 陈振夏

富春要他先到延长石油厂去看看。由于国民党顽固派对陕甘宁边区进行经济封锁，边区经济陷入困境。中央军委军工局决定开发石油，但当时延安并无石油专家，军工局便将目光投向了搞机械出身的陈振夏。

经过长途跋涉，陈振夏来到了改变他一生命运的延长石油厂。他一边向边区政府及军工局报告，请求地方政府协助；一边做石油厂附近村民的工作，将失散的设备器材收集起来，再一点点运回厂区。不知费了多少心血，才拼拼凑凑地安装起一些必要的采油设备。

此时，军工局指示，让他担任工程部主任。尽管这是负责采油、炼油的技术干部的工作，但他还是痛快地"服从组织安排"。接受任务的陈振夏开始向工人请教采油、炼油技术，"凭着一股韧劲儿、钻劲儿，埋头苦干，逐渐由外行向内行转变"。

1940年新春来临之际，延长石油厂油笛声响彻云霄，延长十九井开工了。"这是共产党、人民政府自己打的第一口油井！"由于设备落后，一昼夜只能打一米左右。陈振夏带领工人们日夜奋战在打井现场，经历了两个季度的日日夜夜，这口井终于出油了，日产原油1.6吨。延长油矿从未有过这么高的产量，工人们称延长十九井为兴家立业的"起家井"。

1940年，中央军委军工局任命陈振夏为延长石油厂厂长。陈振夏虚心向老工人请教，向军工局派来的地质工程师和勘探工程师请教，在极度困难的情况下，延长石油厂生产了大量的汽油、煤油、柴油等石油产品，不仅满足了边区军民的用油需求，还粉碎了国民党顽固派的经济封锁。边区出产石油的消息传到山西，阎锡山的部队也拿枪支弹药、粮食、药品、布匹等渡过黄河来交换石油产品。

但陈振夏并不满足，他撰写了《延长石油厂目前的改良和今后的发展计划》，设计了制蜡机和编芯机，大大提高了制蜡速度和蜡烛点燃的质量。为了解决燃料供应的困难，他多次去石马科调查，在地方政府的大力支持下办起了煤窑，这一举措使石油厂所需燃料的百分之六七十得到了保证。

1944年5月，在陕甘宁边区工厂厂长暨职工代表大会上，边区政府颁发给陈振夏"特等工业模范工作者"的奖状，毛泽东为陈振夏亲笔书写"埋头苦干"。1945年2月，陈振夏光荣地加入了中国共产党。

70多年来，在延长石油的采油区、炼油厂等生产一线，处处都能看到熠熠生辉的"埋头苦干"四个大字。"埋头苦干"成为延长石油宝贵的精神财富，代代相传，生生不息。

张思德的故事

　　在延安革命纪念馆的二楼展厅里展出的这把斧头，是在延安大生产运动中，张思德班战士曾用过的一把斧头。提起张思德，大家一定都不陌生，接下来我们就一起来听听张思德的故事。

　　在枣园后沟的西山脚下，张思德的花岗岩雕像巍然屹立，雕像上方镌刻着毛泽东的亲笔题词"为人民服务"，雕像两边刻有《为人民服务》讲话全文和描绘张思德光辉一生的巨幅石雕，广场的中轴线上镶嵌着 29 颗花岗岩红五星，象征着张思德短暂而辉煌的一生。

　　张思德，1915 年出生在四川仪陇县的一个贫苦农民家中。1933 年参加中国工农红军，1935 年参加长征，1937 年加入中国共产党。他在从军 11 年、入党 7 年的时间中，哪里需要哪里去，通讯保障、站岗放哨、开荒生产、纺线烧炭，干一行爱一行专一行。

　　1944 年，中央社会部生产委员会组织生产大队，张思德任副队长，奉命到安塞县（今延安市安塞区）的石峡峪办农场

▲ 延安革命纪念馆张思德精神场景

▲ 张思德班用过的斧头

和烧木炭。9月5日那天下着毛毛细雨，炭窑突然坍塌，正在窑中装炭的张思德不幸牺牲。消息很快传到了枣园，传遍了延安城。1944年9月8日下午，张思德追悼会在枣园沟口的操场上隆重举行。毛泽东亲笔题写了"向为人民利益而牺牲的张思德同志致敬"的挽词，并发表了《为人民服务》的著名讲演。

毛泽东第一次用鲜明的语言概括了中国共产党的根本宗旨，指出张思德的精神就是全心全意为人民服务和为人民利益而勇于牺牲的精神。张思德的牺牲还引发了毛泽东对共产党人的人生观、价值观的思考。"人固有一死，或重于泰山，或轻于鸿毛。"舍生取义，重于泰山，是中国传统文化中人生观的最高境界。毛泽东既继承传统，又超越传统，给其注入了崭新的内涵："为人民利益而死，就比泰山还重。""我们为人民而死，就是死得其所。""张思德同志是为人民利益而死的，他的死是比泰山还要重的。"

毛泽东在演讲中，把张思德身上闪光的思想和品德凝练为五个大字——为人民服务。1945年，在中国共产党第七次全国代表大会上，把"为人民服务"正式写进了党章，成为中国共产党人的核心价值追求。今天，为人民服务依然是中国共产党的根本宗旨，这是共产党人不变的信念、共产党人永恒的追求、共产党人永不褪色的旗帜。

群众艺术的先驱——杨醉乡

　　朋友们，我们面前的这张奖状是 1944 年陕甘宁边区政府奖给杨醉乡的。奖状长 48 厘米，宽 35 厘米，白色平布，套色石印，正中央有黄色镂空"奖状"二字，彩色花边长方形内从右到左依次用毛笔竖写有"陕甘宁边区政府奖状""杨醉乡同志""群众艺术的先驱""主席林伯渠""副主席李鼎铭""中华民国三十三年十一月十六日"字样。那么杨醉乡又是谁呢？陕甘宁边区政府为什么要给他颁奖呢？

　　杨醉乡，原名杨增爱，陕西延川人，陕甘宁边区著名戏剧艺术家。他自小热爱文艺，经常参加秧歌演出。1927 年在延安省立四中加入中国共产党，在党组织的领导下，深入城乡搞宣传。因他经常在表演中扮演"老婆婆"，故有"杨妈妈""佘太君"之称。

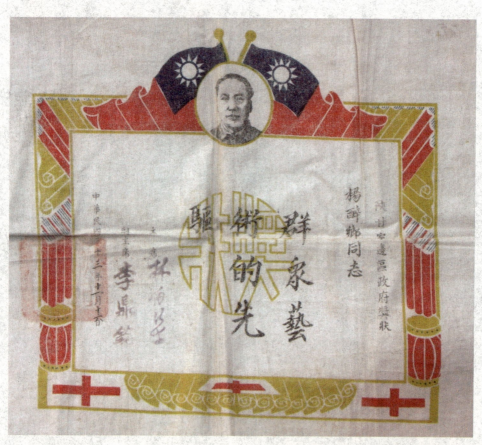

▲ 群众艺术的先驱杨醉乡的奖状

1935 年夏，杨醉乡加入中共西北工委领导的列宁剧团，不久接任剧团团长兼党支部书记。列宁剧团是中央红军长征到达陕北之前西北苏区最为著名的第一个革命文艺团体，当时演出的剧目有《今日工农兵》《一二八抗战》《穷人的出路》等，在协助党组织建立基层革命组织、扩大红军队伍、动员支前、普及文化等方面做出了重大贡献。

同年 11 月，中央红军到达瓦窑堡后，接收了列宁剧团并将其改名为工农剧社，危拱之任主任，杨醉乡任戏剧班班长。他自编自演了《消灭汉奸》《三姐妹》《劝妻》等剧，并且在《小先生》《死亡线上》等剧中扮演"老婆婆"的角色。

1937 年 1 月，工农剧社随党中央进驻延安。1937 年 3 月 7 日，在工农剧社的基础上成立人民抗日剧社，杨醉乡任剧社党支部书记。1937 年 8 月，人民抗日剧社更名为抗战剧团。叶石为主任，杨醉乡、李珂为副主任。全团编为三个大队，一大队队长由杨醉乡兼任。1938 年春节过后，抗战剧团一大队 70 多名演员，在杨醉乡的带领下分乘两辆汽车抵达三原县。一进城，杨醉乡便组织演员分头行动，很快将抗日标语、传单、画报贴满全城，红军抗战剧团要在县城演出的消息迅速传开，很多群众都赶来观看演出。《放下你的鞭子》《亡国恨》等剧引起了群众的强烈共鸣，演出进行到高潮时，受尽欺压的贫苦农民泣不成声，观看演出的国民党第十七路军战士不由自主地振臂高呼"打倒日本帝国主义""还我中华河山"等口号。抗战剧团离开三原县城时，耿景惠旅长把 43 块银圆和募捐人员花名册亲自递到杨醉乡手里，对剧团的精彩演出表示感谢。

1938 年 10 月上旬，杨醉乡带领抗战剧团再次南下，赴泾阳县云阳镇、淳化县等地进行宣传演出。在演出《消灭汉奸》一剧时，突然，潜伏在观众中的特务跳出来疯狂地破坏演出，杨醉乡见状登上戏台，对台下上千观众说："老乡们，顽固派和亲日派极力反对抗日，我们打在汉奸身上，痛在他们心上，所以，他们千方百计地进行破坏和捣乱。今后，我们抓住这样的坏人在台上公审他，好不好？""好！"观众群情激昂，齐声回答，特务见状赶紧溜出了人群。

1940年，三个大队陆续返回延安，为了充实与巩固剧团，中央对该剧团进行了整顿，杨醉乡任团长，张子春任指导员。1942年5月，在抗战剧团基础上成立陕甘宁边区艺术学校。

1943年秋，毛泽东在接见已经到文协工作的柯仲平、民众剧团的马健翎和抗战剧团的杨醉乡时，高兴地说："一个抗战剧团，一个民众剧团，好像两个深受群众欢迎的播种队，走到哪里，就把团结抗战的种子撒播到哪里……希望你们再接再厉，继续努力！"（丁玲《延安文艺运动纪盛》，文艺出版社1987年版，第466页）

1944年11月16日，在陕甘宁边区文教大会上，边区政府主席林伯渠亲笔题写"群众艺术的先驱"奖状并将其颁发给杨醉乡，这是对他长期深入工农、积极开展群众艺术活动的最高褒奖。

红色航空港——延安机场

文物：整修延安机场

　　朋友们，我们现在看到的这张图片是 1944 年 8 月，中共中央组织群众对延安东关机场飞机跑道进行大规模整修的场景。

　　延安机场始建于 1936 年 1 月，杨虎城部第十七路军驻延部队开始在延安城区东关外延河北岸向阳沟河滩下平整和修建了一块长 1000 米的飞行场地，其跑道为东西方向，到 3 月下旬完成。此后，接防延安的张学良的东北军对机场跑道进行了再次整修。1936 年 4 月，延安机场刚刚建成，便迎来了少帅张学良亲自驾机与中共代表周恩来举行联合抗日会谈。从此，这里就深深地打上了中国革命的烙印。

　　1936 年 12 月 12 日，西安事变爆发。12 月 17 日，周恩来等中共代表由此乘飞机前往西安，协助张学良、杨虎城进行西安事变的和平解决工作。12 月 18 日，东北军奉命南撤，红军按双方达成的协议进驻延安并接管了延安城和机场，这里就成

▲ 整修延安机场

为共产党管理、使用和整修的第一个机场。

1937 年 1 月，在中共中央进驻延安城后，组织延安军民并肩携手、人拉背扛，对延安机场进行了扩修。1944 年 5 月，中共中央决定再次扩修延安机场，计划于当年 8 月初正式动工，由叶剑英参谋长指挥，航空组具体负责，划出修筑区域，分派给延安党政军各部门及部分院校。于是，延安党、政、军、民，一律自带干粮，参加义务劳动。军民们铺碎石、运泥土、压跑道，工地上呈现出一片繁忙的景象。在缺乏专业人员、物质条件极端匮乏、既无水泥又无机械的情况下，延安军民自己动手，完全依靠人工挖运、实心木轮小推车和石碾滚，以最快的速度于 1944 年 12 月建成了东西长 1400 米、南北宽 30 米的砂石跑道。机场扩修工程竣工时，上千人举行了火炬游行和联欢晚会，以示庆祝。

这座坐落于黄土高原群山沟壑间的机场，成为中国共产党的重要空中通道，为党中央加强国共合作、国际交流，完成高级干部战略运送、边区急需物资、伤员运输等发挥了极其重要的作用，成为革命圣地延安的重要"航空港"。

周恩来曾多次从这里乘机往返于西安与重庆间。1945 年 8 月 28 日，毛泽东、周恩来、王若飞等与赫尔利、张治中也是由此赴重庆与蒋介石进行谈判。

延安机场见证了中国共产党在延安的许多重大活动，从 1942 年延安"九一"运动会，到 1944 年 9 月八路军留守兵团模范学习者会议代表军事表演；从 1944 年 11 月毛泽东在这里欢送 359 旅南下支队，到 1946 年 4 月党中央隆重追悼"四八"烈士，延安机场成为延安时期的重要活动场所之一。

延安机场见证了党和国家的发展历程。中华人民共和国成立后，延安机场于 1958 年 10 月 1 日恢复通航；1981 年 5 月，延安机场搬迁至东二十里铺；2018 年 11 月 8 日，延安南泥湾机场建成并顺利转场投运，为促进对外交流、助力红色旅游、提升延安综合竞争力提供了有力支撑。

人民艺术家王大化的纪念章

朋友们，我们面前这个用电影胶片制作成的纪念章，是1944 年 10 月召开陕甘宁边区文教大会时王大化佩戴过的纪念章。纪念章为横式长方形，长 1.8 厘米，宽 3 厘米，取材简单却不失典雅，大红底色和黑色边框给人以庄重之感。

1944 年 4 月，毛泽东在枣园召集中央宣传部、西北局宣传部、陕甘宁边区负责人及 5 个分区地委书记开了一次座谈会，着重提出要重视文教宣传工作。他说："1943 年一年把经济工作搞好了，但文化问题还没有提到议事日程上来。""文化反映政治经济，反过来又影响政治经济……我们建设抗日根据地，没有文化也不行。军队需要文化，才能战胜旧军队。战士没有文化，不可能提高战斗力。如果不发展文化，经济要受到阻碍。"（李维汉《回忆与研究》，中共党史出版社 2013 年版，第 449—450 页）

在西北局和陕甘宁边区政府的积极筹备下，1944 年 10 月 11 日至 11 月 16 日，陕甘宁边区文教大会在延安举行，毛泽东、

▲ 王大化佩戴过的陕甘宁边区文教大会纪念章

▲ 陕甘宁边区文教大会会场

朱德等中央领导人先后在大会上做了重要讲话。出席大会的代表共有450人，包括工人、农民、士兵和文教工作者等各行业中的先进模范人物，王大化就是其中的一位。

王大化，山东潍县人，1935年于济南育英中学毕业后，到北平艺文中学高中部读书。1936年3月，加入中国共产主义青年团，4月加入中国共产党。1939年，王大化来到延安，进入马列学院学习，业余从事戏剧活动，在苏联名剧《马门教授》里扮演老科学家马门洛克医生，他以精湛的演技轰动了整个延安。1941年王大化到鲁艺文学院实验剧团工作，兼任鲁艺戏剧系朗诵教员。

1942年5月，王大化聆听了毛泽东《在延安文艺座谈会上的讲话》后，随即深入群众生活，虚心向民间艺人学习，创作和演出了许多深受大众喜爱的优秀作品和剧目。如他和李波创作并演出了《拥军花鼓》；1943年春节，他和李波、杨路由、安波等人创作了秧歌剧《兄妹开荒》，他和李波分别扮演剧中的哥哥和妹妹，把边区青年农民又劳动、又生产、又学习、又娱乐的新气象完美地表现出来，轰动了整个陕甘宁边区，这部秧歌剧后来成为驰名全国的优秀剧目之一。这个剧目在延安南关初次上演时，前来观看的观众达两万多人，就连毛主席也兴致勃勃地观看并鼓掌叫好。之后，他又创作并演出了秧歌剧《赵富贵新传》《张模锄奸》《周子山》等。

1944年，陕甘宁边区文教大会是在毛主席的直接关心和过问下召开的，这是一次代表广泛、包容性高的大型文教会议，是边区教育史上具有标志性意义的一次大会。大会授予17个单位集体特等奖，14名个人特等奖，41名个人甲等奖，65名个人乙等奖，25名个人褒奖，11名学习模范奖，80个集体普通奖。王大化被评为甲等文教英雄奖。

1945年9月，抗战胜利后，王大化随延安干部团步行到东北解放区工作，1946年1月当选东北文艺工作团特等模范工作者。1946年12月21日，王大化率创作组在演出采风途中不幸坠车遇难。他牺牲后，新华通讯社发了电讯讣告和悼念文章；中共中央东北局决定并经毛主席批准，授予他"人民艺术家"荣誉称号。

团结胜利的七大

文物：七大代表证

　　朋友们，这是一本中国共产党第七次全国代表大会（简称七大）代表证，是延安革命纪念馆珍藏的一件二级文物。本证持有人浦化人，是江苏无锡县（今无锡市）石塘人。1927年4月，在革命最低潮时期，他秘密加入中国共产党。抗日战争全面爆发后，他奉调到延安，任中共中央英文翻译，新华通讯社翻译、社长。

　　该证书由七大秘书处制，横式长方形紫红色布面封皮，内为蓝色油印，左右两边各印有长5.1厘米、宽3.3厘米的长方形边框，左框内上部印有两行蓝色大字"中国共产党""第七次全国代表大会"，中下部印有一列蓝色大字"代表证"；右框印有上下两行蓝色小字，写着排号和座位号以及持证人姓名；中部盖有椭圆形红色印章。

　　1945年4月23日至6月11日，在世界反法西斯战争和中国抗日战争即将取得胜利前，在中国面临两种前途、两种

▲ 杨家岭七大礼堂外景

▲ 杨家岭七大会场

命运的关键时刻，为了团结全党全国人民，争取光明的前途，彻底打败日本侵略者，建立独立、自由、民主、统一与富强的新中国，中国共产党在延安召开了具有重要历史意义的第七次全国代表大会。出席七大的代表共755名，其中正式代表547名，候补代表208名，他们代表着全国121万名共产党员。

在大会上，毛泽东致开幕词，提交了《论联合政府》的书面政治报告并做口头报告，朱德做《论解放区战场》的军事报告，刘少奇做《关于修改党章的报告》，周恩来做《论统一战线》的重要讲话。

七大的重大历史功绩之一，就是确定了"放手发动群众，壮大人民力量，在我党的领导下，打败日本侵略者，解放全国人民，建立一个新民主主义的中国"的党的政治路线。

党的七大，将毛泽东思想写在了党的旗帜上，确立毛泽东思想为党的指导思想并写入党章。刘少奇《关于修改党章的报告》指出："毛泽东思想，就是马克思列宁主义的理论与中国革命的实践之统一的思想，就是中国的共产主义，中国的马克思主义。"《中国共产党章程》规定："中国共产党以马克思列宁主义的理论与中国革命的实践之统一的思想——毛泽东思想，作为自己一切工作的指导方针，反对任何教条主义的或经验主义的偏向。"

党的七大，是中国共产党在新民主主义革命时期召开的极其重要的一次、也是最后一次代表大会。它总结了中国新民主主义革命20多年曲折发展的历史经验，制定了正确的路线、纲领和策略，克服了党内的错误思想，使全党特别是党的高级干部对于中国民主革命的发展规律有了比较明确的认识，从而使全党在马克思列宁主义、毛泽东思想的基础上达到了空前的团结，为党领导人民去夺取抗日战争的最后胜利和新民主主义革命在全国的胜利，奠定了政治上、思想上和组织上的深厚基础。

七大选举产生了以毛泽东为首的中央委员会和中央领导机构，选出中央委员44人，中央候补委员33人，形成了以毛泽东为核心的党的第一代中央领导集体，这是一个具有很高威信的、能够团结全党的、坚强的领导集体。

毛泽东在七大闭幕式上向全党发出了鼓舞人心的号召："下定决心，不怕牺牲，排除万难，去争取胜利。"这篇闭幕词会后经整理修改后，以《愚公移山》为题，收入《毛泽东选集》第 3 卷，成为毛泽东思想的经典之作。

党的七大以"团结的大会、胜利的大会"载入党的史册。七大之后，全党同志在毛泽东思想的指引下，团结一致，英勇奋斗，最终夺取了抗日战争的最后胜利和新民主主义革命在全国的胜利。

新歌剧的里程碑——《白毛女》

文物：《白毛女》手抄本

朋友们，这是一本珍藏在延安革命纪念馆的《白毛女》手抄本。《白毛女》是中国新歌剧的代表作之一，由鲁艺集体创作。这个手抄本出自著名音乐家李焕之之手。

1942年5月，毛泽东发表了《在延安文艺座谈会上的讲话》，提出文艺为工农兵服务的方针，强调文艺工作者必须到群众中去、到火热的斗争中去，为工农兵而创作，为工农兵所利用。此后，延安的文艺工作者深入生活、深入群众，创作了一大批为人民群众所喜闻乐见的文艺作品，使延安文艺进入了一个前所未有的繁荣时期。

1944年5月，西北战地服务团从晋察冀边区回到延安，带回了在河北阜平一带流传的"白毛仙姑"的民间传说。故事讲的是地主恶霸黄世仁逼死了善良、老实的佃户杨白劳，抢走了他的女儿喜儿。喜儿不堪忍受残酷虐待，逃进深山，风餐露宿。

▲ 《白毛女》手抄本

由于缺少阳光与盐分摄入，一头青丝变白发。喜儿因常到破庙中取供品充饥，被附近村民传为"白毛仙姑"。后来共产党领导人民打倒了黄世仁，喜儿被救出后过上了新生活。

鲁艺院长周扬看出了这个故事所蕴含的"旧社会把人逼成'鬼'，新社会把'鬼'变成人"的时代主题，决定集中鲁艺的精英组成创作团队，把"白毛仙姑"的故事改编成大型新歌剧。剧本由年仅20岁的贺敬之为主要执笔，戏剧音乐部主任张庚组织大家采取"流水作业"的方式，剧本写完一幕就谱曲，每幕完成就总排，请鲁艺师生和桥儿沟的老百姓观看、评论，就连鲁艺灶房的师傅都发表了意见，边写、边排、边修改，他们摸索出了一套独特的创作方式。

1945年6月，《白毛女》在杨家岭中央大礼堂演出，作为向七大献礼的剧目。毛泽东、周恩来、朱德、刘少奇等中央领导一同观看了演出。演出获得巨大成功，成为中国新歌剧史上的里程碑。

抗战胜利后，《白毛女》随着文艺工作者的步伐被带到华北、带到东北、带到全中国。在解放战争和土改运动中发挥了强大的社会动员力。战士们喊着"为喜儿报仇""为杨白劳报仇"，冲向火线。所以，有人称：一部《白毛女》，唱出了一个新中国！

中华人民共和国成立后，《白毛女》成为中国人民与世界人民友好交往的桥梁。1951年歌剧《白毛女》赴苏联和东欧演出437场；电影《白毛女》在30多个国家上演，荣获第六届卡罗维发利国际电影节特别荣誉奖；1955年日本松山芭蕾舞团将《白毛女》改编成芭蕾舞剧并四次来华演出；1972年上海舞剧团中国版芭蕾舞剧《白毛女》赴日本演出。

70多年来，《白毛女》承载着不同历史时期的时代寓意，且从未停止过前进的步伐，以不同的艺术形式活跃在中外舞台上，完成了从民间传说到艺术作品的华丽转身，成为家喻户晓的经典作品。

延安 "窑洞对"

文物：毛泽东与黄炎培照片

朋友们，这张照片是 1945 年 7 月 1 日，黄炎培等 6 位国民政府参议会参议员从重庆飞抵延安时在机场的合影。

1945 年，为结束国民党一党专政，建立联合政府，周恩来促成黄炎培等 6 位参议员访问延安。1945 年 7 月 4 日，毛泽东邀请黄炎培在杨家岭窑洞中谈话，询问他对延安几日的考察有何感想。黄炎培说："我生六十多年，耳闻的不说，所亲眼看到的，真所谓'其兴也勃焉，其亡也忽焉'……一部历史'政怠宦成'的也有，'人亡政息'的也有，'求荣取辱'的也有，总之没有能跳出这周期率。中共诸君从过去到现在，我略略了解了的，就是希望找出一条新路，来跳出这周期率的支配。"

毛泽东沉思片刻，胸有成竹地答道："我们已经找到新路，我们能跳出这周期率。这条新路，就是民主。只有让人民来监督政府，政府才不敢松懈，只有人人起来负责，才不会'人亡

▲ 毛泽东与黄炎培

政息'。"事后，黄炎培写下了对毛泽东答复的感想："我想，毛主席的话是对的。用民主来打破这个周期率怕是有效的。"

毛泽东与黄炎培的这次会见，这次推心置腹的交谈，被称为著名的"窑洞对"。一个延续了几千年的历史周期率，让毛泽东运用陕甘宁边区推行民主政治的实践成功地解开了。"历史周期率"过去令毛泽东深思，在当代使我们警醒。

"窑洞对"之于我们，是一个善意的提醒，是一种警示的告诫，是一记长鸣的警钟。它启示人们，监督无禁区、民主无止境，这是衡量中国共产党执政能力和执政水平的试金石，也是跳出"历史周期率"的"秘诀"所在。

民本思想源远流长。早在春秋战国时期，就有"民为邦本，本固邦宁"的理念。民主先行者孙中山先生提出了"天下为公"，毛泽东则用"为人民服务"打破了历史兴衰循环的谜团。

无论社会发展到什么程度，环境发生怎样的变化，都要永远站稳人民立场，始终坚持人民主体地位、坚持以人民为中心的发展思想，坚持发展为了人民、发展依靠人民、发展成果由人民共享，把人民对美好生活的向往作为奋斗目标，把人民的安危冷暖放在心上、抓在手上，解决群众最关心、最焦虑、最烦心的问题，切实把为人民谋利益、谋幸福的事办实办好，不断增强人民群众的获得感、幸福感和安全感。

油画《延安火炬》

朋友们，我们现在看到的这幅油画叫《延安火炬》，创作于 1972 年，作者蔡亮。这幅画是蔡亮著名的作品之一，在新中国美术史上留下了光辉的印记。油画《延安火炬》描绘了 1945 年日本宣布无条件投降的消息传到延安后，延安军民高举火把、敲锣打鼓、奔走相告、庆祝胜利的热烈场面。

这幅油画在如银幕般的横幅构图中徐徐展开，背景是巍巍宝塔山，近景处象征光明的火把，映照着队伍前方的毛主席画像和游行队伍中欢腾的人群，老乡和战士们的神情昂扬、喜悦，有力地烘托出欢庆抗战胜利这一创作主题。漫山遍野的火炬如"星星之火"般汇聚在一起，最终以燎原之势照亮了黑夜。

1944 年，侵华日军抽调大量兵力实施打通大陆交通线的作战，并抽调一部分兵力支援太平洋战场，中国敌后战场的日军兵力大为减少。中国共产党领导的八路军、新四军等抗日武

▲ 油画《延安火炬》

装力量抓住有利时机，向日军发动了局部反攻，仅晋察冀部队就攻克敌人据点 1500 多个。我军的局部反攻和抗日根据地的不断扩大，使日本侵略军陷入人民军队的战略包围之中，为我军转入全国规模的大反攻创造了有利条件。

1945 年，在世界反法西斯战争胜利发展的形势下，中国解放区军民对日展开了全面反攻。8 月 8 日，苏联对日宣战。8 月 9 日，毛泽东发表《对日寇的最后一战》，号召"中国人民的一切抗日力量应举行全国规模的反攻"。8 月 10 日 24 时至 11 日 18 时，延安总部连续发布由周恩来起草、毛泽东修改、朱德署名的关于受降和对日展开全面反攻等七道命令，要求八路军、新四军和党领导的抗日武装力量立即向日、伪军发出通牒，发动全面反攻。八路军先后解放了张家口、河南封丘、山东临沂，包围了北平、天津、保定，收复山海关，取得了巨大胜利。仅从 8 月 11 日到 9 月 2 日，我军凭借小米加步枪的劣势武器，解放县以上城市 150 座，缴获大量现代化装备，在解放区军民的全面反攻和苏联军队的沉重打击下，日军被迅速瓦解。

8 月 14 日，日本政府正式照会中、美、英、苏四国政府，表示接受波茨坦公告。8 月 15 日，日本天皇裕仁宣布无条件投降。传来日本要无条件投降的消息，延安开始欢庆抗战胜利，到处锣鼓喧天，人们奔走相告。诗人萧三在文化沟写的《延安狂欢夜》中说："忽然山上山下，人声异常嘈杂，又听锣鼓喧天。有人甚至乱敲铜盆，有的用力吹喇叭。整个延安起了骚动，男女老少涌出窑洞。延河两岸岗山，野火漫天通红……人似潮水流向街头，旗帜招展在星空。人们舞火炬，扭秧歌，喊口号。人们只是叫，只是跳，只是笑。""人们觉得自己的血在沸腾，人们想起八年来的痛苦和牺牲，才换得今天的狂欢和兴奋……"这首诗同油画《延安火炬》一样，都真实地记录了当时延安军民的欢庆场面，表达了延安军民的心声，深刻地表现了中国共产党领导下军民之间的鱼水情深和万众一心的磅礴气势。

一次绝密的飞行

文物：我军将领乘坐美军观察组的飞机奔赴各解放区时在延安机场的合影

朋友们，我们现在看到的这张照片，是在延安机场欢送八路军将领奔赴各解放区时的场景。其实，这是一次特殊而绝密的飞行。

1945 年 8 月 25 日上午，时任中央外事联络科科长的黄华，到机场去给离开延安的美国飞行员送行，让他始料未及的是，当他发现在飞机机翼下等待登机的那一群人时，顿时惊出了一身冷汗：刘伯承、邓小平、陈毅、薄一波、林彪、滕代远、张际春、陈赓、陈再道、陈锡联、萧劲光、宋时轮、杨得志、李天佑、邓华、王近山、傅秋涛、邓克明、江华、聂鹤亭 20 位高级将领，无一不是赫赫有名的战将。

这要是出了事，那事就太大了！黄华当机立断，马上向军委秘书长杨尚昆申请陪同飞行，并获得了批准。好在飞行顺利，4 个小时后，飞机降落在了山西东南黎城县的长宁临时机场。

就在黄华松了一口气的同时，远在延安的叶剑英也接到了

▲ 我军将领乘坐美军观察组的飞机奔赴各解放区时在延安机场的合影

太行军区司令员李达发来的电报：飞机平安落地。

那么，究竟出于什么考虑，使得延安方面甘冒奇险，用美军的飞机运送这批高级将领飞赴前线呢？

那还是在1943年的下半年，各根据地的将领们纷纷奔赴延安，准备参加1945年召开的中国共产党第七次全国代表大会。由于这些将领和七大代表们从各个抗日根据地到延安，不仅路途艰辛，而且还要越过日军的重重封锁线，往往要经过数月甚至一年多时间辗转才能到达。也因此，在中国共产党第七次全国代表大会和中国共产党第七届中央委员会第一次全体会议闭幕后，这些高级将领们都在等待回各抗日根据地的安排。

1945年8月15日，日本宣布无条件投降。党的高级干部和将领们急需赶赴前方，与日寇进行最后一战。如果按照来时的速度，距离延安最近的太行山也有800余千米，最快的行军速度也需要两个月，而像山东等地区，最快也需要半年以上时间才能赶回去。为此，毛泽东决定用美军的飞机把这批高级将领运往前线。

延安与美军之间的联系发生在1944年7月，当时美军观察团共有18人分两批抵达延安。经过美军观察团的考察和共产党高级将领介绍抗日根据地的情况，美军观察组认为，延安是抗日的，而且在抗日战争中是立有大功劳的，也由此对延安党中央非常佩服。正是因为有了这层关系，八路军才会请求美军帮忙运送几个人。

当然，这都是在严格保密的情况下进行的，这些高级将领也是在8月24日夜临时接到要乘美军飞机赶赴前线的通知，而且当时美军的道格拉斯运输机仅能坐下20个人，因此，这些高级将领只能自己乘坐飞机，参谋、警卫人员都没有跟随。

黄华看见这20位高级将领身边竟然没有一位随同人员，而自己作为对外联络科的科长，经常与美军打交道，有事也好沟通，因此，临时决定要陪同护送。其实，对于此次飞行，这些高级将领们也都知道很危险，在临行前拍照的时候，陈毅还开玩笑说："要是我们摔下来了，将来就用这张照片开追悼会吧！"

这些将领安全到达目的地后，立即分散奔赴各解放区，指挥当地军民对日寇进行最后一战，并进行了伟大的解放战争。

挥手之间

　　朋友们，我们面前的这张照片眼熟吗？这是 1945 年毛泽东赴重庆谈判时在飞机舱门口向送行的群众挥手致意时被摄影家徐肖冰抓拍的，也被作家方纪用精彩的文字记录了下来，这就是我们熟知的《挥手之间》。

　　那是 1945 年 8 月，抗战刚刚胜利，举国欢庆，但是蒋介石却企图独占胜利果实，实行国民党一党独裁统治。蒋介石先后于 1945 年 8 月 14 日、20 日和 23 日不到十天的时间连发三封电报，假意邀请毛泽东去重庆谈判。声言："倭寇投降，世界永久和平局面可期实现。举凡国际、国内各种重要问题亟待解决，特请先生克日惠临陪都，共同商讨。"毛泽东和党中央对蒋介石的意图非常清楚，但为了避免爆发内战，也为了揭露蒋介石"假谈判、真独裁"的伎俩，毅然决定去重庆谈判。

　　1945 年 8 月 28 日上午，延安东关机场，人们带着复杂的

▲ 《挥手之间》

心情前来为主席送行。等待中，一辆带篷子的中型汽车向机场驶来。毛主席走下汽车，穿一套半新的蓝布制服，脚蹬皮鞋，头戴深灰色的盔式帽，整个装束，与平日完全不同，像是出远门做客的样子。在延安人民的记忆里，主席永远穿一套总是洗得很干净的旧灰布制服，穿布鞋、戴灰布八角帽。他伟岸的身形、明净的额头、温和的目光、热情的声音，时时出现在会场中、课堂上、道路边。今天看到主席这身打扮，不少人流露出不安的神情和急切的泪花。主席站在车边，目光扫视人群，露出亲切、坚定的微笑，向人们点头致意。机场上人群静静地站立着，望着主席高大的身形。主席一步一步走近飞机，一步一步踏上飞机舷梯，走到飞机舱口，回转身来，取下头上戴的帽子，注视着送行的人们，像是安慰，像是鼓励。人们不知道怎样表达自己的心情，只是拼命地挥手，从下面、从远处，一齐向着主席挥动。

毛主席也举起他那顶深灰色的盔式帽，但是举得很慢很慢，像是在举起一件十分沉重的物件。等到举过了头顶，忽然用力一挥，便停止在空中，一动不动。

飞机的发动机响了，随着这声音，人们的心猛烈地跳动着，全神贯注地注视着飞机，任凭螺旋桨卷起了盖地的尘沙，遮住了人们的眼睛。这架飞机载负有多大的重量啊！它载负着解放区人民的心，载负着全国人民的希望，载负着国家的命运！

飞机于当日下午到达重庆机场，毛主席受到重庆各界人士的热烈欢迎，民主人士柳亚子先生赋诗称颂毛主席赴重庆谈判是"弥天大勇"。其间，毛主席广泛接触国民党部分要员和各党派著名人士，广泛宣传党的政治主张，得到了重庆各界人士的大力支持。经过 43 天谈判，国共两党最终签订了《政府与中共代表会谈纪要》，即《双十协定》。

我们再来看，照片上毛主席面带微笑，目光坚毅。这一向群众挥手告别的情景，为我们留下了无比精彩的历史瞬间，也留住了历史，留住了中国共产党人的大智大勇和为民族独立、自由不惧龙潭虎穴的大无畏精神。

一个从群众中走出来的群众领袖

文物：习仲勋照片

　　翻开党的百年史，您会发现，无论何时何地，中国共产党都始终站在群众中，始终与群众手拉手、心连心。习仲勋，就是这样一个典范，毛泽东称他是"一个从群众中走出来的群众领袖"。

　　1913年10月15日，习仲勋出生于陕西富平县一个农民家庭，少年时就接受革命思想，加入中国共产主义青年团。1928年春，他因参加爱国学生运动，遭到国民党当局关押，在狱中转为中国共产党党员。无论是在兵运工作中，还是在创建陕甘边革命根据地的斗争中，他始终把自己根植于劳动人民中，做群众的贴心人。

　　抗日战争全面爆发后，习仲勋长期在关中分区工作，担负着守卫陕甘宁边区南大门的艰巨任务。其间，凡是关系到群众切身利益的事，无论大小，他都会竭尽全力，奉献出一腔热血、

▲ 习仲勋

一片真情，赢得了老百姓的衷心拥戴。

平时，在他办公的地方，每天都挤满了群众，当他和群众在一起的时候，总是极其自然、融洽。有时他正忙着，但只要有老乡来，他就会立即放下手头的工作，和蔼地与他们交谈，没有一点官架子。

他总是站在群众的立场来解决问题，把群众的事情看作是自己的事情，设身处地地替他们着想，设想怎样才是对的、怎样对群众有好处，从来不主观臆断。因此，群众非常信任他，把他看作是自己人，把他当作最知心的朋友。当群众遇到困难的时候，总是说"找仲勋去"。譬如，老百姓一般对自己的财产是绝对保密的，可是在习仲勋面前，没有一个人说假话。他们总是把习仲勋看成最知心的朋友，愿意听取他的意见，听从他的指挥。

在那个年代，领导群众斗争常常会遇到极大的危险，然而习仲勋每一次都能化险为夷，因为有群众掩护他，有群众替他站岗放哨，把他隐蔽得很好。有一次习仲勋生病了，许多群众从几十里外专门去看望他，就是友区的人民，也纷纷打听他的病况。还有一次，一位团长与他一起走路，路过每村每户，老百姓对他都十分亲热，热情地招呼他，团长很是惊奇和感动。他的和蔼性格，就是陌生人只要与他见上一面，都能留下很好的印象。

从 1942 年 10 月 19 日至 1943 年 1 月 14 日，历时 88 天的中共中央西北局高级干部会议闭幕。边区政府对领导经济建设成绩卓著的王震、习仲勋等 22 人予以奖励。毛泽东为这 22 名获奖者逐一题词，给王震题词"有创造精神"，给李培福题词"面向群众"，给习仲勋题词"党的利益在第一位"。习仲勋曾深情回忆道："这个题词，我长期带在身边，成了鼓励我努力改造世界观的一面镜子。"

1943 年 2 月，刚担任绥德地委书记的习仲勋就提出"为五十二万群众服务"的要求；1944 年秋，在绥德地区召开的司法会议上，习仲勋在《贯彻司法工作的正确方向》的讲话中指出："一、把屁股端端正正地坐在老百姓这一面。二、不当'官'和'老爷'。三、走出'衙门'，深入乡村。"这不仅是对司法干部的要求，他还要求其他部门的干部也要深入基层，转变作风，真正为群众想办法、办实事。他说："我们万万不能站在老百姓头上。如果我们的干部叫人家一看，是个'官'，是个'老爷'，那就很糟糕。"

"党的利益在第一位""把屁股端端正正地坐在老百姓这一面"，他就是这样，时常把群众的事当成自己的事，心中牵挂最多的是群众的冷暖，设身处地地为人民着想，从维护人民群众切身利益的角度去想问题、办事情。

1945年10月，中共中央在考虑中共中央西北局书记人选时，毛泽东说："我们要选择一位年轻的同志担任西北局书记，他就是习仲勋，他是从群众中走出来的群众领袖。"正是因为有了无数个像习仲勋这样的群众路线的践行者，才使党的事业兴旺发达，生生不息，才能让我们在中华民族伟大复兴的征程中阔步前进。

版画《读了书又能写又能算》

    1938 年，戚单由上海奔赴延安参加革命。1939 年夏，他进入延安鲁艺工作，1941 年进入鲁艺美术系学习，1945 年离开延安去了华北。在抗战时期的延安和陕甘宁边区，生产和教育是边区建设的重要任务，其中文化教育问题随着形势的发展，越来越显现出其重要意义。这幅《读了书又能写又能算》版画就是为宣传学习文化而创作的。

    这幅作品让人印象最深刻的就是鲜艳的色彩和对称的构图，画中四边刻绘的装饰性圆形花纹与中央窑洞窗户上刻画的几何形装饰花纹，以及画面中心人物衣服上的圆形花纹与炕头上的方形图案交相辉映，"方"中有"圆"，"圆"中现"方"，相互呼应，相得益彰，充分还原了当时劳动人民的生活场景，真实地表现了当时人们的精神面貌。

▲ 版画《读了书又能写又能算》

戚单　抗日战争时期　19.4 cm×14.9 cm　现收藏于延安革命纪念馆

这幅木刻作品作为坚持美术与工农兵相结合的产物，以最生动形象的绘画形式宣传学习文化，鼓励人们学会打算盘、记账、写信、写路条，对于在当时激发人们学习文化的热情，形成人人学习、人人识字的良好风气，对改变长期存在的文化教育落后的现实状况起到了很好的作用。

关于这幅作品的创作，戚单曾经写文回忆道："1942年，文艺座谈会'讲话'后，毛主席提出文艺为工农兵服务。从此我们美术系方向有了明确转变，过去参加创作的人很少，从此搞创作的人就多起来了。特别是1944年到1945年开设创作课后，美术系师生创作热情达到高潮，陆续创作出许多好的作品。如郭钧同志的《新法接生》、王流秋同志的《新年劳军》，还有我自己创作的《学习文化》。"

版画《瞄准》

文物：版画《瞄准》

这幅木刻作品又名《自卫军打靶》，是当时极具典型意义的代表作品之一。它以黑白木刻的形式、用朴素真挚的艺术语言刻画了人民群众练兵习武的情景，体现了他们保卫胜利果实的坚定决心和意志。

夏风早在求学时期就深受爱国进步思潮的影响，研读进步书刊，探求改造中国的真理。全面抗战爆发后，他积极投身抗战宣传，创作了《抗日大事记》等许多以宣传抗日为主题的画作。1938年，夏风来到延安后，加入了中国共产党，并在延安鲁艺学习、工作。1945年冬，夏风去到华北，后辗转经朝鲜到东北解放区，在《东北画报》社、鲁迅文艺工作团工作。夏风先后创作出一批反映中国人民所进行的伟大民族战争以及解放区丰富多彩的民主生活的优秀木刻作品。

这幅《瞄准》版画是夏风在延安时期创作的一幅代表作，

▲ 版画《瞄准》（又名《自卫军打靶》）

夏风　1945 年　13.2 cm×19.6 cm　现收藏于延安革命纪念馆

也是解放区民兵积极响应党的号召，开展大练兵，保卫解放区政权的生动写照。画面中正在习兵练武的 7 名自卫军位于构图中心，他们有的拿着枪，有的拿着手榴弹，有的扛着农具，还有一名自卫军正在全神贯注地瞄着靶子，准备射击。围绕在他身边的自卫军有的将目光投向正在瞄准的打靶者，似乎与打靶者的心在一起跳动，跃跃欲试；有的将目光投向瞄准的方向，似乎在紧张地等待着射击的结果；有的手指画外，正在与身边的人切磋技艺。整幅作品所刻画的虽然并非大场景，但所描绘的每个人都是一种"在场"的状态，而且个个摩拳擦掌、兴致高涨，非常具有感染力。

关于这幅作品的创作背景，夏风回忆道："1945 年，抗日战争眼看就要胜利了，国民党向解放区进攻的势头也更明显了。边区开展了群众性的练武活动，大家动员起来，保卫边区、练武、习文、闹生产。正是在这样的环境和气氛下，我创作了《瞄准》《练武》《从敌后运来的战利品》等作品。"

小米加步枪

文物：小米加步枪

在延安革命纪念馆三楼的展厅里，展出着这样一组文物——武装革命斗争时期人民军队的主要食物和武器装备，它就是"小米加步枪"。

小米大家都不陌生，它是当时陕北以及太行山区人民的主要口粮，而步枪与敌人的武器装备相比，在当时算是非常落后了。小米加步枪，为什么能够战胜敌人的飞机、大炮加坦克？是谁开创了人类战争史上这个伟大的战例？半个多世纪过去了，炮火硝烟早已是昨日往事，然而回首那段峥嵘岁月，金戈铁马、战旗号角依然如在耳畔，一幅幅历史和战争的画卷正徐徐铺开，给人以回味和思考。

由于日本侵略军实行"三光"政策及国民党顽固派的军事包围和经济封锁，共产党领导的八路军、新四军、游击队以及广大抗日民众没有物资补给，吃饭难和兵器补给难是当时困扰

▲ 小米加步枪

部队的主要难题。为此，毛泽东同志提出"自己动手，生产自给"，号召全军各部队自己动手种吃的，自己动手做穿的。在当时条件如此艰苦的情况下，中国共产党领导的人民军队却用"小米加步枪"将日本侵略者赶出了中华大地，此后又用"小米加步枪"打败了国民党顽固派，取得了一个又一个的辉煌胜利，为党和人民建立了伟大的历史功勋。

延安时期，人们吃的是糙米，扛的是老式步枪，条件虽然艰苦，但老一辈们却始终没有放弃，因此小米加步枪又承载了一种精神品质：它是没有条件也要战斗到底的坚强勇敢；是吃的小米糠咽菜也要决战到底的信念；是面对敌人的枪林弹雨而更加燃起人们追求胜利的决心；是共产党人"为有牺牲多壮志，敢教日月换新天"的伟大牺牲精神挺起的民族脊梁！

习近平总书记说过："战争不仅是物质的较量，更是精神的比拼。没有顽强的意志，没有敢于牺牲的品质，再好的武器装备也不能保证胜利。"正是因为拥有向死而生的英勇决绝，我们的革命军人才形成了压倒一切敌人而决不被敌人所屈服的伟大气概；正是凭借着这份强大精神力量的支持，我们的人民军队才用"小米加步枪"战胜了敌人的飞机、大炮加坦克！

版画《陕北风光》

1939 年，张映雪在党组织的安排下来到延安，进入延安鲁艺学习。1942 年，延安文艺座谈会后，遵循着"讲话"指明的方向，他先后到陕北三边部队和子长县瓦窑堡农村深入生活长达一年多。1945 年，张映雪根据这些年在延安的学习和生活，运用手中的刻刀，创作了版画《陕北风光》这一优秀作品，这也是他在抗战时期延安木刻版画中为数不多的描绘场景风光的作品之一。

版画《陕北风光》以表现陕北黄土高原的风貌为主，用具象的方式给我们描绘了一幅高原村落图景，它就像是一首赞美这古老的土地和生活在这片土地上人们的田园诗。画面中首先映入眼帘的是一排排独具特色、高低错落的陕北窑洞，窑洞前的空地上堆放着麦草和柴禾，淳朴善良的陕北人民正在耕作聊天。背景是壮阔雄伟的黄土高坡，雄厚而稳固，几棵老树伫立

▲ 版画《陕北风光》

张映雪　1945 年　32.0 cm×25.5 cm　现收藏于延安革命纪念馆

在窑洞旁，给整个画面增添了一分生气，体现了我国北方独有的自然风貌。正在打谷子的父子、背着大砍刀拿着红缨枪的两个孩子、远处纺线的陕北妇女、头扎白毛巾提着筐子拾级而上的农民，这些形象在画面中虽然很小，但其衣着和形象特征却十分生动、自然、逼真。

这幅《陕北风光》在反映特定时代场景的同时，也透露出我国北方人民在特定自然环境中的生活状态。它虽是一张描绘风景的画，却具有跨时代的重大意义。

版画《革命先烈谢子长》

文物：版画《革命先烈谢子长》

　　1939 年，张映雪进入延安鲁艺学习，开始从事版画创作。为英雄人物画像，用独特的艺术风格展示英雄精神一直是他的追求和夙愿。他先后在延安《新中华报》、陕北三边部队工作，创作了《塞外铃声》《三边农村小景》等木刻作品。1945 年，在担任子长县县报主编期间，张映雪深入生活，搜集、积累了大量关于谢子长同志的英雄事迹，为其艺术创作增添了丰富的素材。这幅《革命先烈谢子长》版画就是张映雪在子长县县报任主编时，配合部队教育而创作的宣传画。

　　这幅黑白木刻版画不仅饱含着张映雪满腔的热情，还在表现形式和技法上都有了巨大的突破，极具其个人风格。作品采用了分割式构图，在整个画面上对先烈肖像主体和背景部分进行了分层次摆放。画面中作为表现主体的先烈谢子长肖像以最大布局进行呈现，线条细腻酣畅、刀法单纯强烈，人物描绘逼真，特别是面部表情的大特写和眉宇之间线条的粗细变化将英雄的

▲ 版画《革命先烈谢子长》

张映雪 1945 年 20.9 cm×16.5 cm 现收藏于延安革命纪念馆

刚毅、果敢与豪迈展现得淋漓尽致。四周环绕着的场景构图紧凑且张弛有度，刀锋静穆而有力，意境朴实而庄重，诉说着主人公从求学到投身革命、从加入中国共产党到领导革命斗争，创建革命根据地，直至牺牲的各个重要节点，展示了先烈传奇而伟大的一生，饱含着对英雄的无限仰慕与敬重之情。我们在作品中可以直观地感受到一种力度、一种坚定和一种敬仰。

"四八"烈士，虽死犹荣

朋友们，我们现在看到的是毛泽东为"四八"烈士的亲笔题词："为人民而死，虽死犹荣"。

1946 年 4 月 8 日，一架美军运输机由重庆起飞，专程送参加国共和谈代表王若飞、秦邦宪及新四军军长叶挺等 17 人返回延安。

久别还家的心情大家可想而知，更别说他们处在一个特殊的年代。在重庆谈判的日日夜夜里，他们与敌人斗智斗勇，思想一直处于高度紧张的状态，如今要回到延安，大家激动、兴奋的心情难以平复。刚刚结束五年牢狱生活、身心饱受摧残的叶挺，今天就要回到他魂牵梦萦的延安了，这位一向沉默寡言的军人，此时也抑制不住内心的激动。自从叶挺入狱之后，他的家人流落四方，漂泊不定，如今，离乱的日子就要结束了。他的夫人李秀文想到一家人即将团聚，眼里流露出久别重逢的

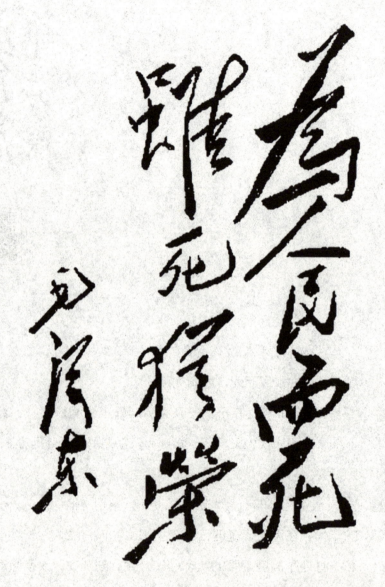

▲ 毛泽东为"四八"烈士的题词

喜悦，盼望着能够在延安过上几年团圆的日子。他们的女儿我记得是叶杨眉和她 5 岁的弟弟，依偎在妈妈怀里，高兴得不得了。

此时此刻，延安机场一片欢腾。毛泽东、朱德等中央领导和人民群众早早来到机场迎候他们归来。这时，天空阴云密布，下起了毛毛细雨，能见度越来越低，大家心头涌上了一种不祥的预感。下午两点多，远处灰暗的天空传来隐隐约约的飞机轰鸣声，人们的脸上露出了欣慰的笑容。可是，那轰鸣声却越来越远，渐渐地消失了。于是，期待、焦虑、不安的情绪立刻袭上了在场每一个人的心头。谁也没有想到的是，人们在阴云细雨中望眼欲穿的时候，飞机却因云浓雾大，无法着陆，在飞行途中迷失方向，误撞在山西兴县海拔 2000 多米的黑茶山顶，机上 17 人（包括机组 4 人）全部遇难。

1946 年 4 月 18 日，烈士们的遗体由美军运输机运送到延安，毛泽东、朱德等中央领导及数千群众在机场静候。当烈士们的遗体被抬下飞机时，全场的哀乐声、抽泣声、哭喊声汇成一片，人们扑到烈士们的棺椁上，呼唤着他们的名字，那一声声呼唤撕心裂肺，悲痛无比！

1946 年 4 月 19 日，延安各界三万余人在东关机场举行了隆重的追悼大会。人们排着长长的队伍，将烈士们的遗体安葬在飞机场西北角，并为烈士建起了陵园。毛泽东亲笔题写"为人民而死，虽死犹荣"。

1947 年，"四八"烈士陵园遭到国民党胡宗南部的破坏。此后，边区政府又予以修复，几经周折搬迁到现址李家坬。

时代会冲淡记忆，岁月能改变山河。然而，唯一不变的是每年的清明节，人们都会冒着绵绵的细雨，来到烈士陵前，将哀思化作春雨，表达继承英烈精神奋勇前行的意志和决心。

永不屈服的斗士——王若飞

文物·王若飞照片

　　朋友们，今天要给大家讲述的人物就是长眠于延安城北的"四八"烈士陵园中的一位英烈——王若飞。

　　王若飞，1896 年出生于贵州安顺市。早年曾留学日本、法国和苏联，参加过辛亥革命、讨袁运动，领导过工人运动、农民运动等，是一位久经考验的无产阶级革命家。

　　1931 年秋，王若飞在与地下党组织负责人接头时，被敌人跟踪，为了保护地下党组织的安全，王若飞当即将自己身上携带的共产党员名单塞进嘴里，本想吞进肚子里，结果被敌人发现，敌人立即上去卡住王若飞的脖子。就在这千钧一发之际，王若飞使劲用牙齿咀嚼，结果敌人只从他口中拿到了一团被嚼碎了的带血的纸团。任凭敌人用尽方法，威逼利诱、严刑拷打，王若飞始终不屈服，他坚定地说："我生为真理生，死为真理死。""能为广大劳动者而死，这是我最大的光荣。""能为

▲ 王若飞

▲ "四八"烈士陵园全景

党牺牲，这是一个共产党员最高的道德标准。"

随后，敌人把王若飞关押在包头监狱。在狱中，王若飞始终抱定誓为共产主义事业而献身的坚定信念。无论是被拉上刑场，还是被押到法庭上审判，他都视死如归，还指着敌人的鼻子大声说："招字，在我们共产党人的字典里早就被抠掉了！"

在阴暗潮湿的监狱里，王若飞也从未放弃过斗争。在黑牢里他带着沉重的铁镣，坚持做自己发明的室内体操，锻炼身体，帮助难友学文化，领导难友们开展斗争。他还用床上铺的芦席杆蘸着唾沫泡湿的墨汁在监狱里写了几十万字的声讨国民党顽固派的檄文。他这种博大的胸怀和无畏不屈的斗争精神，极大地鼓舞了难友们的斗志。因此，他到哪个监狱，哪个监狱的革命斗争就蓬蓬勃勃地开展起来，甚至连国民党的看守在他的影响下都转而支持他的斗争。王若飞在狱中组织领导革命斗争的事让国民党当局非常害怕，不仅给他更换监狱，而且将他单独关押在一个小黑牢里。

关押王若飞的小黑牢，长、宽均不到一米七，什么也听不见，什么也看不见。他每天的活动只是拖着沉重的铁镣，挪着小碎步，从这头走到那头，又从那头走到这头，嘴里喊着单调的 1，2，3，4……这种残酷的折磨一直持续了将近 6 年，最终阎锡山答应释放王若飞。他的两条腿被沉重的铁镣勒成了弧形，大脑也几乎失去了记忆，出狱后，别人问话时，他也回答不上来；他连穿袜子、穿鞋时，都会自言自语地念着 1，2，3，4……一个满腹经纶的青年才俊被这种长期非人般的监狱生活折磨成了让人痛惜的样子……

后来，在党中央的关怀下，经过长期的精心医治，王若飞重新走上了战斗岗位。1945 年 8 月，王若飞随同毛泽东、周恩来等赴重庆谈判。1946 年 1 月，他代表中国共产党出席了在重庆召开的政治协商会议。1946 年 4 月 8 日，携带着中共代表团就宪法、国民政府组成等问题同国民党谈判的最后方案，同秦邦宪、叶挺、邓发等乘飞机返回延安向中共中央请示汇报，不幸在山西兴县黑茶山遇难。

这位伟大的共产主义战士的生命永远定格在了50岁，但是他不屈不挠、敢于斗争、大义凛然、忠于革命、坚贞不屈的革命意志和革命精神，一直激励着中华儿女，继承革命遗志，矢志不渝，奋勇向前！

李季和《王贵与李香香》

朋友们，现在映入大家眼帘的是著名作家李季创作的《王贵与李香香》手稿，手稿的封面和目录都是毛笔字迹，修改时使用的是铅笔、水笔以及红、黑毛笔。封面从左至右共竖写了四行字，分别是"太阳会从西边出来吗？""三边民间革命历史故事""顺天游""初稿（封面）"。书稿共分为三部分12章69页。

这份稿纸不像我们现在用的稿纸为了书写方便而用方块或者长线间隔开来，它是李季同志的专用稿纸，每一页的左上角都印有"李季原稿纸"的字样，右上角是填写日期和页码的地方，表明了作者严谨的工作态度。

李季，1922年8月16日出生，河南唐河县祁仪镇人，1938年在延安抗日军政大学学习，1939年5月加入中国共产党，毕业后赴太行山，任八路军连政治指导员、联络参谋。1942年

▲ 李季

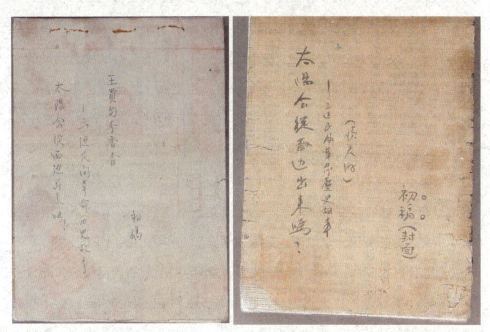

▲ 李季创作的《王贵与李香香》手稿

293

冬至 1947 年，李季在陕北三边工作，先后当过小学教员、县政府秘书和地方小报编辑。这五六年的战斗生活使他接触了各种人，了解到许多感人的革命历史故事，熟悉了陕北人民的思想、性格、语言及其所喜爱的文艺形式，为他以后的创作打下了深厚的基础。1942 年，毛泽东的《在延安文艺座谈会上的讲话》发表之后，给他以极大的启示和鼓舞，激发了他强烈的创作欲望。他自觉扎根于陕北三边，同人民一起欢乐、一起忧愁、一起憎恨，开始进行业余创作，尝试着以民歌形式写出章回小说《老阴阳怒打虫郎爷》等作品。

《王贵与李香香》是李季以信天游形式创作的民歌体长篇叙事诗，完成于 1945 年 12 月。最初以《太阳会从西边出来吗？——三边民间革命故事》为题，发表在 1946 年夏的《三边报》上。同年 9 月，改名为《王贵与李香香》在延安《解放日报》上连载。这部作品一经出现，便赢得了解放区军民的普遍喜爱，被誉为"新民主主义文艺运动对于封建的买办的文艺运动的胜利"。这首民歌体长篇叙事诗传到国统区，也受到了广大文艺工作者的普遍好评，茅盾称其"是一个卓绝的创造，说它是民族形式的史诗也不过分"。

《王贵与李香香》热情地歌颂了陕北人民在共产党领导下翻身闹革命的斗争事迹，成功地塑造了王贵和李香香这两个觉醒了的青年农民形象。这首具有浓厚地方色彩的长诗，是延安文艺座谈会以后诗歌领域里实践毛泽东文艺思想的第一个硕果，是解放区文学创作结出的最早的硕果。

《王贵与李香香》不仅继承了古代叙事诗和民歌的优良传统，而且在艺术形式上有自己的探索和创新，在人物塑造和诗歌形式的民族化上都标志着一个新的阶段，在我国叙事诗发展史上有着十分重要的意义，在中国现代文学史上占有重要地位。

《王贵与李香香》见证的是陕北人对爱情的追求和心中的革命情怀。直到现在，在陕北地区，《王贵与李香香》都广为人知，这足以说明这部民歌体叙事长诗给人们带来的影响力是多么的深厚。

朱德用过的公文包

文物：朱德解放战争时期用过的公文包

　　朋友们，我们面前的这个公文包，是朱德同志在解放战争时期用过的。公文包原本黑色的外表已经失去了它原有的光泽，但从外表上来看，保存得比较完整，可见它的主人平时对其非常爱护。长方形的公文包共分四层，可以分类收纳文件，顶部有两个铁环，一根长长的肩带固定在铁环内，既可以肩挎，又可以斜背。公文包正面上方有铁质的锁扣，由于年代久远和频繁使用，这个锁扣已经损坏。尽管如此，朱德仍然舍不得换掉这个公文包，带着它从延安到西柏坡，又把它从西柏坡带到了北京。

　　这个公文包，见证了朱德同志忙碌的身影和平易近人的工作作风，传达了一位共产党员艰苦朴素的优良作风，更是印证了一位坚定的共产主义战士心中那永恒的信念。

　　1946年6月，蒋介石悍然撕毁《双十协定》，发动了全

▲ 朱德

▲ 朱德解放战争时期用过的公文包

面内战，再一次将全国人民推向了水深火热的战争深渊。身为总司令的朱德不仅要协助毛泽东制定粉碎蒋介石军事进攻的策略，还要参加各种社会活动，工作异常忙碌。为了节省时间，做到忙而不乱，朱德就用这个公文包把各种文件逐一分类归纳。每到晚上，朱德就在油灯下整理和准备着第二天的工作，指挥着全国的解放战争。

1947年3月，国民党胡宗南部25万人马气势汹汹地向延安扑来，妄图在短时间内摧毁共产党的首脑机关。为了用一个延安换取一个中国，党中央果断做出了撤离延安转战陕北的战略决策，有计划地安排机关单位和群众撤离延安。3月29日至31日，枣林沟会议决定将中央机关分为前委、工委和后委，朱德与刘少奇、董必武组成中央工作委员会，前往河北省领导全国群众运动、土地改革和根据地建设等工作。3月31日黄昏，党中央离开枣林沟，在绥德田庄互道珍重后，朱德和刘少奇等大张旗鼓东渡黄河，前往河北省阜平县城南庄。

在这里，朱德与刘少奇、聂荣臻等人共同研究晋察冀解放区的土地改革和军事工作，确定了进一步集中兵力在运动中大量歼灭敌人的战略部署。为了做好每一项工作，朱德同志一天要奔走许多地方，在最忙碌的时候甚至马不卸鞍、衣不解体，直到把工作全部做完为止。

1949年3月底，朱德和毛泽东等人离开河北到达北京。后来，朱德将这个公文包赠给儿子朱琦。中华人民共和国成立后，朱德的这个公文包由儿媳赵力平保存。1988年10月19日，赵力平同志来到延安参观后，把这个公文包捐赠给了延安革命纪念馆。

这个质朴的公文包，虽然已经年代久远失去光泽，但它在人们心目中依然熠熠生辉，是无价之宝，它见证了老一辈革命家英勇奋斗的艰辛历程，蕴含着老一代共产党人谦虚谨慎、勤勤恳恳、朴实无华、忠厚仁慈的质朴形象，充分彰显了朱德同志心系人民、艰苦朴素的公仆情怀，以及他一生学习、一生向前的奋斗精神。

任弼时的规矩

文物：任弼时照片

　　说起任弼时，人们通常会想起他的"骆驼精神"。这是任弼时英年早逝后，叶剑英有感于他为革命事业奋斗一生的崇高品格，在《哀悼任弼时同志》一文中最早提出的："他是我们党的骆驼，中国人民的骆驼，担负着沉重的担子，走着漫长的艰苦的道路，没有休息，没有享受，没有个人的任何计较。"

　　任弼时一生艰苦朴素、严于律己，堪称全党的表率。他始终以"一怕工作少，二怕花钱多，三怕麻烦人"的"三怕"精神要求自己、约束家人。他经常叮嘱身边的工作人员："凡是能够过得去的，自己能够做得到的，决不要去麻烦组织和别的同志。"他再三强调："凡事不能超越制度。党的干部尤其是党的高级干部更不能搞特殊。"

　　任弼时不仅严于律己，对亲人要求也很严格。1946 年，他年仅 10 岁的二女儿任远征从老家湖南来到延安，开始和父母一起生活。那时，延安的生活条件十分艰苦，生活用品实行配

▲ 任弼时

给制。刚到延安的任远征对延安的一切都充满了好奇，领东西时，她跟着管理员到仓库去玩，伸长脖子左看看右看看，最后被一个粉色电光纸皮的小本子吸引住了。仓库管理人员看她这么喜欢，就给了她一本。任远征高兴得爱不释手，小心翼翼地包起来拿回家。任弼时看到后脸色一沉，问："远征，这本子哪里来的？""管仓库的叔叔给的。"任弼时严厉地说："送回去！"小远征辩解道："不是我要的，是他给我的。"任弼时生气地说："这是给领导人用的，你怎么可以拿？咱们不能特殊化！"任远征长这么大还是第一次看见父亲发这么大的脾气，于是，她赶紧把本子送了回去。

任弼时经常询问他夫人陈琮英一些生活细节问题，比如菜金是不是超过了标准，生活日用品是不是按制度领用。任弼时很少给孩子们买衣服，他让陈琮英把大人的破旧衣服做成小孩的衣服，大的穿完了小的接着穿，直到破烂得不能再穿为止。

1947年3月，国民党胡宗南部进攻延安，中央开始转战陕北。在转战陕北的日子里，部队缺粮问题一直困扰着领导人。有一次，中央纵队的战士在战场上捡回来两匹受伤的骡马，宰杀之后分给了大家。部队出发时，任弼时发现战士的干粮袋鼓了起来，便马上找到手枪连连长高富有了解情况，之后他严肃地说："这样做是不行的，一切缴获要归公。战场上的任何物品、任何东西，都不能变成个人的，也不能变成小单位的。你们的口粮是少了点，不过，平均起来也有半斤，比前方还是强多了。"高富有感到很惭愧，与战士们商量后，把剩下的骡马肉和还没有宰掉的骡马送了回去。

任弼时不仅注重个人修养，还非常强调党的作风建设。他强调，党要保持艰苦奋斗、勤俭朴素的作风，"一切以为革命胜利了，可以安闲起来，或者以为已经艰苦奋斗了几十年，已经为人民尽了力、出了汗、流了血，现在可以享受一下了，这些想法应当认为都是不健康的。"

任弼时是中华人民共和国成立后较早逝世的党的领袖之一，党和人民为他举行了隆重的葬礼。毛泽东亲笔为他题词："任弼时同志的革命精神永垂不朽"。任弼时，人民的"骆驼"，他的革命精神、崇高品德、优良作风，永远是我们学习的榜样。

三战三捷

　　1947 年 3 月，国民党军队集中兵力对陕北和山东解放区进行重点进攻。中共中央及时做出撤离延安、转战陕北的战略决策，决定在陕北黄土高原的土窑洞里，指挥世界上规模最大的人民解放战争。

　　3 月 18 日，延安的党政机关和群众基本疏散完毕，但延安城内外已可听到清晰的枪炮声。黄昏时分，党中央和毛泽东、周恩来、任弼时等撤离延安，踏上了转战陕北的征途。此前，毛泽东接见了参加保卫延安的人民解放军部分领导干部，对他们说："敌人要来了，我们准备给他打扫房子。我军打仗，不在一城一地的得失，而在于消灭敌人的有生力量。存人失地，人地皆存；存地失人，人地皆失。敌人进延安是握着拳头的，他到了延安，就要把指头伸开，这样就便于我们一个一个地切掉它。要告诉同志们，少则一年，多则二年，我们就要回来，我们要以一个延安换取全中国。"

　　中共中央和毛泽东撤离延安后，于 3 月 19 日发出《关于我军撤出延安的解释工作的指示》，要求西北野战兵团"若能

▲ 彭德怀、习仲勋等在青化砭战役阵地上

将胡敌大部吸引在陕甘宁而加以打击消灭，这正便利于其他解放区打击和消灭敌人，收复失地。"于3月23日，批准了彭德怀、习仲勋22日提出的关于围歼胡宗南部第31旅的部署。他们以小部兵力诱敌主力北上安塞，而我军主力埋伏于延安东北方向的青化砭甘谷驿地区，待机歼敌。胡宗南部占领延安一座空城后，为保侧翼安全，派其第31旅沿咸榆公路北犯。3月24日拂晓前，西北野战兵团各部进入青化砭伏击阵地。25日10时许，彭德怀一声令下，我军拦头断尾，两面夹击，经过1小时47分钟的激战，毙伤俘敌2900余人，旅长李纪云被活捉。这就是我军撤出延安后的第一个胜仗。青化砭战役，不仅打击了国民党军的嚣张气焰，而且补充了我军装备，鼓舞了我军士气。

青化砭战斗一打响，敌人方知上了当，立即掉头东进。在游击队的阻扰下，敌军经延长、清涧、瓦窑堡绕了一大圈，历时12天，走了400多里仍未发现我军主力，只好留下135旅守备瓦窑堡，主力南下蟠龙。我军以两个旅的兵力狠狠咬住敌人，将其主力引向蟠龙西北，我军主力则埋伏在羊马河地区等待时机。4月14日，胡宗南令135旅南下配合国民党军主力作战，被我军团团包围。经过8个小时的激战，该旅4700余人被我军全歼，旅长麦宗禹被俘，创下了西北战场第一个歼敌整旅的典范。

羊马河战役后，根据敌情变化，西北野战兵团立即调整部署，以359旅一部、绥德军分区部队及晋绥独立第五旅伴装主力，诱敌北上绥德。集中第一纵队和第二纵队及新编第四旅围攻蟠龙，同时，以359旅主力于清涧以西阻击绥德、清涧可能回援之敌；以教导旅阻击青化砭地区进犯之敌。5月2日，我军以四倍于敌的优势兵力向敌重要物资补给站蟠龙镇发起攻击，激战至4日黄昏结束战斗，全歼守敌整编第167旅等部6700余人，俘虏了旅长李昆岗等三名少将及大批官兵，缴获了大量粮食和军需物资，还击落了一架敌机。

三战三捷，共歼敌1.4万余人，给国民党胡宗南部以沉重打击，粉碎了国民党军队的狂妄计划，基本稳定了陕北战局。为了庆祝三战三捷的伟大胜利，中共中央在安塞县城真武洞召开祝捷大会，彭德怀、习仲勋在会上发表了重要讲话。周恩来郑重宣布："毛主席和党中央，自从放弃延安后一直留在陕北，与边区全体军民共同奋斗。"听到这个消息，参加大会的军民发出了热烈且持久的欢呼。

毛主席和他的小青马

文物：毛泽东骑过的马（小青马标本）

　　在延安革命纪念馆的大厅里陈列着一匹马的皮革标本，它是毛主席转战陕北期间的坐骑。它满身白毛中杂有少许斑点，首尾长 187 厘米、高 132 厘米。它鞍銮齐备，四蹄直立，马头高仰，那栩栩如生的神态，好似正在等待出征的主人，一旦抖动缰绳，就会扬蹄而去。

　　1947 年 3 月 18 日晚，在国民党胡宗南部进攻延安已清晰可闻的枪炮声中，毛泽东、周恩来依依不舍地告别居住了十年的延安，开始了转战陕北的伟大历程。行军途中，小青马发挥了非常重要的作用。

　　从撤出延安起，以毛主席为首的党中央、中央军委坚持转战在陕北与敌周旋。环境极其险恶，物资供给等各方面条件极其艰苦，除了步行之外，小青马就成了毛主席唯一的交通工具。毛主席对小青马十分爱惜，遇到比较难走的路时，就下马步行。

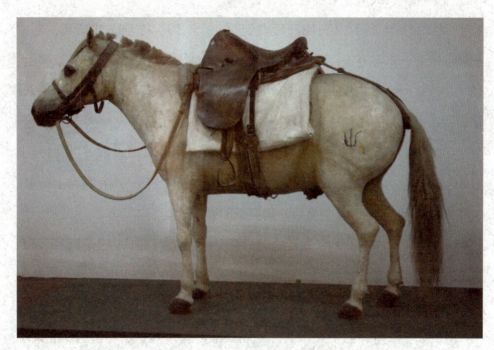

▲ 毛泽东骑过的马（小青马标本）

有一次，小青马掉了马掌，毛主席就坚持徒步行军，生怕把马蹄磨坏。小青马对自己的主人特别温顺，只要一看到主人走近身旁，就会发出欢快的叫声。小青马在行走的过程中也格外留神，非常平稳。同时它也很通人性，能预知危险，遇到险情就会停下脚步，不再前进了。一次行军途中，小青马走到一处山崖下，不再前行，警卫员拍了一下马屁股，可它还是一动不动，就在这时，敌机的轰隆声由远而近，一架飞机掠过头顶向北飞去，因为有了山崖的掩护，敌机并未发现这一行人马。

从1947年3月18日离开延安到1949年3月23日东渡黄河，毛主席转战陕北一年零五天，途经延安、延川、清涧、子长、绥德、子洲、横山、靖边、安塞、米脂、佳县、吴堡12个县，住过38个村庄，行程1000多千米，可以说是继二万五千里长征之后，毛主席和党中央进行的又一次"长征"。

过了黄河，毛主席骑着小青马经过山西的碛口、寨子山村，于1947年3月24日到达临县三交镇双塔村，这是他最后一次在马背上行军。3月25日下午，毛主席便换乘叶剑英送的缴获的美制吉普车。出发前，他还特意去看望马夫侯登科。为了确保行军安全，小青马由马夫侯登科饲养，侯登科兢兢业业地把牲口喂得膘肥体壮，尤其是毛主席的那匹小青马，被他调教得特别温顺，得到毛主席的连连夸赞。

1949年3月，党中央进驻北平后，小青马作为军功马被送往北京动物园由老红军周根山精心饲养。随着岁口的增大，小青马的毛色渐渐由青变白，成了一匹小白马。1962年，小青马离开了这个世界，马皮被制成标本保存。1964年8月，经延安地委与中央办公厅协商，由延安革命纪念馆派专人前往北京将其运回，作为国家一级文物在延安革命纪念馆陈列大厅展出，继续发挥它的余热。小青马皮革标本作为对广大人民进行爱国主义、革命传统和延安精神教育重要实物再次发挥了非常重要的作用。

毛主席两进小河村

文物：中共中央在小河村举行扩大会议

　　小河，一个美丽、温婉的名字。小河村，位于靖边县城东南 20 千米处，是毛乌素沙漠边缘上一个普普通通的小山村。村子南面沟峁相连、群山茫茫，村子北面红柳丛丛，是细沙绵绵的沙漠地带，这里地贫而民淳。1947 年 6 月 9 日到 8 月 1 日，党中央、毛主席两次进出小河村，除了召开著名的小河会议外，还留下了一段镇定自若、智斗胡匪的动人故事。

　　1947 年春，面对国民党胡宗南部 25 万军队对陕北解放区的重点进攻，党中央、毛主席审时度势，做出了撤离延安、转战陕北的战略决策。毛主席和三支队冒着风雨行军一夜，终于在 6 月 9 日早晨来到靖边县的小河村。刚安顿好住处，敌人就向小河村扑了过来，并且停留在这一带的山头上、山沟里，设法侦察我党中央的去向。6 月 9 日黄昏，党中央、毛主席决定紧急撤离小河村，但这个时候转移到哪里最安全，毛主席和周

▲ 中共中央在小河村举行扩大会议

▲ 靖边县小河村会议会址

恩来拿着地图仔细研究了小河周围的村庄、地形和路线，最后决定向 20 多里外的天赐湾转移。

傍晚时分，电闪雷鸣，滂沱大雨铺天盖地而来。听说部队要转移，小河村村民曹九林主动提出为毛主席和中央机关做向导。由于山洪暴涨，临时搭在小河上的桥也被洪水冲走，曹九林马上动员村长、群众拿来绳索准备搭桥过河。就在这时，侦察员轮番报告，敌人距离小河越来越近。就在这万分紧急的时刻，毛主席泰然自若地指挥搭桥，他说："不要紧张，敌人是瞎闯乱碰，其实并没有发现我们，大路朝天各走一边么。"当他们正顺着山梁往山上爬时，发现对面的山梁上，火堆一个接着一个，映红了半边天，借着火光可以看到山梁上搭起了一排排白花花的帐篷，敌人在火堆前走来走去，就连说话声和马叫声都听得清清楚楚，直线距离只有 300 多米。

这一夜，三支队和敌人差点儿相遇，幸运的是他们并没有被敌人发现。6 月 10 日早晨，毛主席率领三支队来到天赐湾。但敌人却紧追不舍，也向天赐湾逼近，与三支队只有一山之隔，5 千米多的路程，机枪声清晰可闻，情况异常紧张。大家都集中在一条山沟里，在炽热的阳光下随时准备用生命保卫党中央、保卫毛主席。毛主席镇定地说："就在这里休息吧，但要做好行军战斗准备，布置好警戒，敌人向山上来，我们立刻就走。敌人顺沟过去，我们就住下。我估计敌人并没有发现我们，因此 12 点钟以后可能要退。"果然不出所料，下午侦察小组报告敌军已沿着山沟，经过尖山、驼盐口一带向西南的保安方向去了。

由于这几天党中央与各战场的电台联络中断，加之国民党的大肆造谣，刘少奇、朱德等领导对毛主席和党中央的安全极为担心，就连斯大林也来电询问情况。为了消除大家的疑虑，毛主席在天赐湾陆续向各解放区部署工作，通报中央机关的情况："本月 9 日至 11 日，刘戡 4 个旅到我们驻地及附近王家湾、卧牛城、青阳岔等处游行一次，除民众略受损失外，无损失。现刘军已向延安保安之间回窜，其目的全在骚扰。"

由于天赐湾村子小，住房条件紧张，毛主席和周恩来挤在一孔小窑洞里办公，研究作战的参谋们只能分到半个窑洞，工作起来十分不便。在形势稍有好转后，中共中央于 6 月 16 日傍晚离开天赐湾，于当天夜里返回了小河村，并于 7 月 21 日至 23 日召开了中共中央扩大会议，做出了由战略防御转入战略进攻，迅速将战争引向国民党统治区的重大决定，这在中国革命史及解放军建军史上具有重要的战略意义。

"神泉号令"放光辉

文物：《中国土地法大纲》

文物：《中国人民解放军宣言》

　　神泉堡是中共中央转战陕北在佳县住宿的第七个村庄，它坐落在佳芦河以南，距佳县县城 7.5 千米，依山临水，宁静清秀，因村南有两股永不枯竭的清泉而得名。在这里，有一首赞扬"九支队"将士的陕北民歌响彻陕北大地，歌词是这样写的：

红天红地红霞飞

咱神泉来了"九支队"

多少代，多少辈

没见过这样的好军队

刚放下背包去担水

天不明又上山把庄稼背

忙让亲人炕上坐

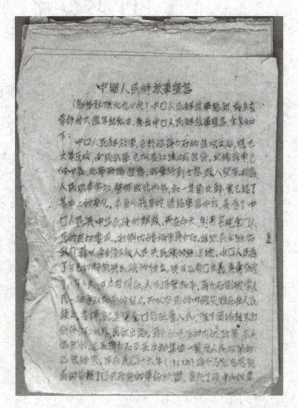

▲ 《中国人民解放军宣言》

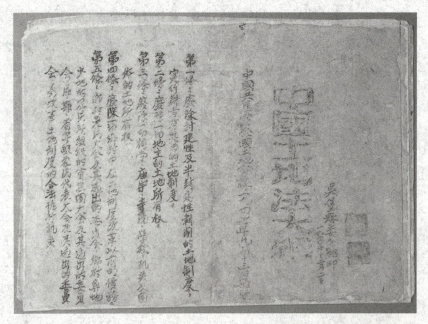

▲ 《中国土地法大纲》

热汤热水喝一杯

扯烂衣服还留不住

又上场院把梿枷挥

担上筐筐红枣表心意

几回回送去又送回

要问这支军队为啥这样好

"训令"字字放光辉

要问这支军队为啥这样好

毛主席亲自来指挥

1947年9月23日，毛主席率中共中央前委，从张家崖窑村动身，途经苏家坬、马家墕，行程15千米，傍晚时分到达神泉乡神泉堡村。在这里，中共中央结束了转战陕北时期最艰难的阶段，开始充分考虑局势发生根本转变后面临的新情况和新问题。

在神泉堡居住期间，毛主席为中共中央起草了关于《解放战争第二年的战略方针》的党内指示，制定了全国各解放区的战略方针。为中国人民解放军总部起草了《中国人民解放军宣言》（以下简称《宣言》），第一次以宣言的形式向全国人民发出了"打倒蒋介石，解放全中国"的伟大号召；为保证《宣言》中所提任务的落实，毛主席还为中国人民解放军总部起草了《关于重新颁布三大纪律八项注意的训令》《中国人民解放军口号》。同时，中共中央公布了《中国土地法大纲》《中共中央关于公布〈土地法大纲〉的决议》等重要文件，并选择在1947年国民政府"国庆日"——10月10日这一天通过新华社向全国广播，极大地振奋了全党全军和全国人民争取胜利的信心。

后来，中共党史把在神泉堡发表和颁布的这一系列文件合称为"神泉号令"。

《中国土地法大纲》就是"神泉号令"中最为重要的一则号令，全文16条，1700多字，其核心是废除封建性及半封建性剥削的土地制度，废除一切地主的土地所有权，废除一切乡村中在土地制度改革以前的债务，彻底平分土地，实行"耕者有其田"的土地制度。

　　土地回家，天下归心。1947年11月至12月，一个以土地改革为中心的波澜壮阔的群众运动，很快在陕甘宁、晋绥、晋察冀、晋冀鲁豫、华东等老解放区、东北等半老解放区，以及鄂豫皖、豫皖苏、豫陕鄂、江汉等新解放区广泛开展起来。轰轰烈烈的土地改革运动，以雷霆万钧之势猛烈地冲击着中国几千年来的封建土地制度。特别是在一亿人口的老区和半老区，基本消灭了封建土地制度，改变了农村旧有的生产关系，使亿万农民获得了政治上的翻身、经济上的自由，极大增强了农民的革命热情，为夺取全国胜利奠定了广泛的群众基础和物质力量。

　　如今，"神泉号令"发出已70多个年头，但那一部大纲、一个宣言、一道训令、一则口号所书写的峥嵘历史，虽历经沧桑而初心不改、虽饱经风霜却本色依旧，必将在中国共产党的历史上、中华民族的历史上、人类进步的历史上树立永久的丰碑。

写在白布上的题词——站在最大多数劳动人民的一面

文物：毛泽东为中共佳县县委题词

  朋友们，我们现在看到的这 13 个苍劲有力的大字，是 1947 年 10 月毛泽东给佳县县委的题词，也是中国共产党坚持群众路线最直接、最凝练的概括。那么，在这幅题词的背后有哪些鲜为人知的故事呢？

  1947 年 3 月，国民党调集 25 万兵力对陕北解放区发动重点进攻。面对十倍于我们的敌人，党中央、毛泽东果断做出"用一个延安换取整个中国"的重大决策。3 月 18 日晚，中共中央撤离延安，踏上了转战陕北的征程。在转战陕北途中，党中央依靠陕北良好的群众基础和黄土高原特殊的地形，与敌人巧妙周旋、迂回作战，首战青化砭、再战羊马河、三战蟠龙镇，取得了 40 天内三战三捷的重大胜利。之后，沙家店战役的胜利彻底扭转了西北战局。

  10 月 17 日，毛泽东一行来到了地势险要的佳县县城，这

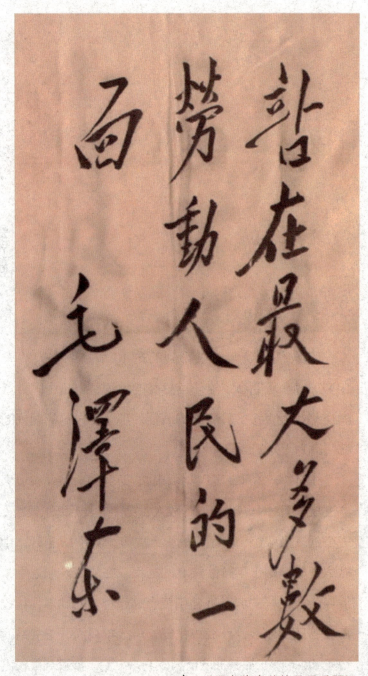

▲ 毛泽东为中共佳县县委题词

里自然环境恶劣、物资极度匮乏，是转战陕北最艰苦的地方。毛泽东深入群众访贫问苦，了解当地土地改革推行情况。他了解到为了保障战役的胜利，佳县人民甘愿忍饥挨饿、吃糠咽菜，也要把粮食节约下来，把没有成熟的谷子在锅里烤干碾成米，把家里所有能吃的东西千方百计地送往前线。在送粮途中，佳县人民多次遭遇胡匪，为了保护粮食，有人甚至献出了鲜血和生命。

当佳县县委书记张俊贤请毛主席题词时，毛主席有感于陕北人民把最后的一斗米送去做军粮、最后的一尺布送去做军装、最后的老棉被铺在担架上、最后的亲骨肉含泪送战场的无私奉献，饱含深情地在一块白布上挥笔写下了"站在最大多数劳动人民的一面"。

"站在最大多数劳动人民的一面"，雄辩而又科学地说明了什么是血脉相连，什么是鱼水深情，什么是铜墙铁壁。正因为我们党始终站在最大多数劳动人民的一面，所以人民群众才会拥护共产党，才有了转战陕北一年多的时间里陕北人民运送军粮 333 万公斤，抬担架、运送伤员的民工达 19 万多人，边区妇女做军鞋约 93 万双的震撼数字。这些数字让我们看到了陕北人民大山一样坚强的臂膀，看到了陕北人民对革命的满腔赤诚，看到了陕北人民听党话、跟党走的坚强决心。1948 年 4 月 21 日，转战陕北一年一个月零五天后，延安又重新回到了人民的怀抱。

回望党的百年奋斗史，就是一部践行党的初心使命的历史，就是一部与人民心连心、同呼吸、共命运的历史。正是因为我们党始终"站在最大多数劳动人民的一面"，始终把人民放在心中最高位置、把人民对美好生活的向往作为奋斗目标，始终依靠人民，我们才取得了一个又一个的胜利，创造了一个又一个的奇迹，带领人民实现了从站起来、富起来到强起来的伟大飞跃。

杨家沟"十二月会议"

文物：『十二月会议』会场

    陕西省榆林市米脂县杨家沟村，位于米脂县城东南 20 千米，党中央、毛主席转战陕北时在这里生活、战斗了 120 天，召开了具有划时代意义的"十二月会议"。

    1947 年 11 月 22 日，毛泽东、周恩来和任弼时率领代号为"亚洲部"的中共中央机关和解放军总部机关来到这里。为了全面部署"打倒蒋介石，解放全中国"的任务，制定党的行动纲领，准备夺取全国胜利，1947 年 12 月 25 日至 28 日，中共中央在这里召开了前委扩大会议，又称"十二月会议"。

    为了开好这次会议，中央还开了 17 天的预备会议，与会人员分为政治、军事、土改三个小组，对当前的形势和党的政策进行了充分的酝酿和讨论。

    在此期间，毛泽东集中精力为会议起草主题报告《目前形

▲ "十二月会议"会场

▲ 米脂县杨家沟村"十二月会议"旧址

势和我们的任务》。为了写好这篇重要论著，他反反复复修改了好多遍。为了让大家抄好，他还提了五点要求：（1）不要写简笔连笔字，要写正楷；（2）不要写古怪字；（3）标点符号要占半格；（4）标点符号要写清楚，不能出错；（5）问题开头一、二、三要写大一点儿。在身边的工作人员中，安龙驹的字写得最好，仿宋体，既工整，又好看，所以，报告最终交给他抄写。安龙驹出色地完成了任务，毛泽东十分满意，特意批准奖励他几斤猪肉补养身体。

在正式会议之前，毛泽东还将报告稿分发给与会者传阅，供大家讨论，然后由他本人再修改。所以，整个报告从内容到语言，炉火纯青，尽善尽美。

此次会议由毛泽东、周恩来、任弼时主持，参加会议的有能够到会的中央委员和候补中央委员，陕甘宁边区和晋绥边区的主要负责人，以及中央有关部、局的负责同志20人。

12月25日，毛泽东做题为《目前形势和我们的任务》的报告。当毛泽东以极其兴奋的心情宣告"中国人民的革命战争，现在已经达到了一个转折点了"之时，会场上响起热烈的掌声。接着，毛泽东以气吞山河之势指出："这是一个历史的转折点。这是蒋介石的二十年反革命统治由发展到消灭的转折点。这是一百多年以来帝国主义在中国的统治由发展到消灭的转折点。"最后，毛泽东以铿锵有力的十二个字"曙光就在前面，我们应当努力"结束了他的报告。

会议主要讨论并通过了毛泽东的《目前形势和我们的任务》的报告，会议决定："这个报告是整个打倒蒋介石反动统治集团，建立新民主主义中国的时期内，在政治、军事、经济各方面带纲领性的文件。"

"十二月会议"的曙光照亮了全中国的解放事业，"十二月会议"的精神像及时雨一样，很快传达到了各解放区。为了让人们更好地了解《目前形势和我们的任务》这一重要文献，晋察冀新华广播电台反复播送了

10 天。毛泽东的讲话通过陕北新华广播电台，借助红色电波，迅速传到祖国四面八方，给全国人民以巨大的鼓舞。

"十二月会议"后过了不到两年，毛泽东站在天安门城楼上庄严宣告："中华人民共和国中央人民政府今天成立了！"

英雄的战士，不朽的题词

文物：彭德怀给『瓦子街歼灭战中的 714 团』题词木刻

现在映入大家眼帘的是一块略有残缺的雕版木刻，长 20 厘米，宽 10 厘米，上面刻有 32 个草书文字。

这是 1948 年 8 月 22 日，彭德怀司令员为表彰在瓦子街战役中立下战功的西北野战军 358 旅 714 团题写的。在这次战役中，涌现出了许多可歌可泣的战斗英雄，"拼刺英雄"刘四虎就是其中的一位。

刘四虎，1926 年出生在绥远省丰镇县（今内蒙古自治区丰镇市）一个贫苦农民的家中。父亲是一名泥瓦匠，被地主恶霸逼得倾家荡产，含冤上吊自尽。刘四虎从小当学徒，受尽了苦难。1946 年参加人民解放军后，他英勇顽强，屡建战功，光荣地加入了中国共产党。

在攻打陇东西华池时，第一次上战场的刘四虎，一点儿也不胆怯，他说："打仗就算死了，也是光荣的死。"

▲ 彭德怀给"瓦子街歼灭战中的714团"题词木刻

1948 年，宜瓦战役打响，西北野战军把国民党整编第 29 军 3 万多人包围在瓦子街狭长的山沟里。东南山上炮声如雷，枪弹如雨。在敌人密集火力的疯狂扫射下，许多战友倒下了，冲到敌人阵前时，只剩下刘四虎一个人了。

怎么办？

刘四虎摸摸身上，发现只剩下 4 颗手榴弹。他一口气把手榴弹全投了出去，借着烟雾冲入敌营，一个人追着二十多个敌人满山跑。他每喊一声"杀"，就会有一个敌人应声倒下。

手榴弹烟雾散去后，敌人发现冲上来的只有刘四虎一个人，便懊恼地大叫着包围过来。这时的刘四虎虽已身无弹药，但他毫不退缩，端着刺刀迎了上去。突然，两个敌人同时向他扑上来，两把刺刀直刺向他的前胸。刘四虎纵身一跃，刺倒其中一个，但同时自己也被另一个敌人的刺刀刺中，顿时，肠子和着鲜血掉了出来。敌人一步步向他逼近，刘四虎喘着粗气倒在了地上。几个敌人又向他扑来，他强忍疼痛，把流出来的肠子用力塞回肚子里，使出最后力气，从侧面刺倒了一个敌人，刺刀也因此断成两截，他自己也一下子倒在了敌人的战壕里。恼怒的敌人乘机一拥而上，刺刀雨点般刺在他的头上、身上……

在这万分危急的时刻，连长带领着战友们冲了上来，拿下了东南山。战友们在血泊中找到了昏死过去的刘四虎，他手中还紧紧地握着那把断成两截沾满鲜血的刺刀。

瓦子街战役共歼敌三万多人，彭德怀司令员得知刘四虎独闯敌阵，一把刺刀连续刺死 7 个敌人的事迹后，更是感怀不已，当即挥笔题词："每次都能完成战斗任务，证明你们是英勇善战的！但强者必有强敌手，进步还需再进步，虚心学习，克服困难，才能成为最后胜利者！"

《复电》——历久弥新的精神财富

文物：《毛主席电勉延安边区党政军民》

朋友们，我们现在看到的是 1949 年毛主席给延安和陕甘宁边区人民的《复电》。

中华人民共和国成立之际，延安人民给毛主席发去了致敬电。10 月 26 日，毛主席在百忙之中发回了《复电》，内容是这样的：

延安的同志们和陕甘宁边区的同胞们：

接到你们的贺函，使我十分愉快和感谢。延安和陕甘宁边区，从 1936 年到 1948 年，曾经是中共中央的所在地，曾经是中国人民解放斗争的总后方。延安和陕甘宁边区的人民对于全国人民是有伟大贡献的。我庆祝延安和陕甘宁边区的人民继续团结一致，迅速恢复战争的创伤，发展经济建设和文化建设。我并且希望，全国一切革命工作人员永远保持过去十余年间在延安和陕甘宁边区的工作人员中所具有的艰苦奋斗的作风。

毛泽东

1949 年 10 月 26 日

《毛主席电勉延安边区党政军民》

《复电》通过新华社向全国公开广播，很快就传遍了延安的山山峁峁，传遍了陕甘宁边区，句句饱含深情，字字情真意切，为人民注入了强大的精神动力。

每当读到"延安和陕甘宁边区的人民对于全国人民是有伟大贡献的"时，人们仿佛又回到了艰苦卓绝、战火纷飞的岁月。

从 1935 年到 1948 年，党中央在这里生活、战斗了十三个春秋，这里曾经是中国人民解放战争的总后方，也是新民主主义的模范试验区。

1947 年 3 月，国民党胡宗南部大举进犯延安，毛泽东、周恩来率领中央机关转战陕北，其间，粮食问题成为部队行军打仗的最大困难。特别是在沙家店战役时，陕北人民为了解决粮食问题，挖出坚壁的粮食、掰下地里的苞谷棒子、割下刚刚成熟的谷穗，用热炕烘干后，送到子弟兵手中。短短几天时间，收集数十万斤粮食，确保了沙家店战役的胜利。

看看这组数据吧：从 1947 年 3 月到 1948 年 1 月，全边区动员随军担架 6000 多副，临时担架 15000 多副，随军牲口 5440 头，缝制军鞋 58 万多双，等等。当毛主席看到这一切时，说："群众才是真正的铜墙铁壁。"是啊，边区人民就是用像大山一样的坚强臂膀和大海一般的宽广胸怀，铸成了坚不可摧的铜墙铁壁。

中华人民共和国成立以来，延安人民在党中央的关怀下，在毛主席《复电》精神的鼓舞下，奋发图强，励精图治，取得了一个又一个的辉煌成就。2019 年 5 月 7 日，新华社对外宣布，革命圣地延安告别了绝对贫困。这是延安发展史上的一次跨越，也是延安人民追梦新时代的生动注脚。

站在新的历史起点上，延安人民在习近平新时代中国特色社会主义思想的指引下，正在奋力谱写新时代追赶超越的新篇章！

后　记

　　革命文物承载着党和人民英勇奋斗的光荣历史，记载着中国革命的伟大历程和感人事迹，是党和国家的宝贵财富，是弘扬革命传统和革命文化、加强社会主义精神文明建设、激发爱国热情、振奋民族精神的生动教材。党的十八大以来，习近平总书记高度重视革命文物工作，赴全国多地考察革命旧址、革命博物馆、纪念馆，对革命文物保护利用多次做出重要指示、批示，提出了一系列新思想、新观点、新要求。习近平总书记强调："加强革命文物保护利用，弘扬革命文化，传承红色基因，是全党全社会的共同责任。各级党委和政府要把革命文物保护利用工作列入重要议事日程，加大工作力度，切实把革命文物保护好、管理好、运用好，发挥好革命文物在党史学习教育、革命传统教育、爱国主义教育等方面的重要作用，激发广大干部群众的精神力量，信心百倍为全面建设社会主义现代化国家、实现中华民族伟大复兴中国梦而奋斗。"习近平总书记的重要指示深刻阐明了革命文物工作的重大意义、目标任务和基本要求，体现了以习近平同志为核心的党中央对革命文物工作的高度重视，是做好新时期革命文物工作的根本遵循。党的二十大提出了"推进文化自信自强，铸就社会主义文化新辉煌"的目标，在实现这一目标的过程中，革命文物作为文化软实力的重要载体，无疑具有十分重要的作用。

延安革命纪念馆自 1950 年 7 月建馆以来，始终坚守初心、砥砺奋进，承担着宣传党中央在延安十三年革命历史，进行爱国主义教育、革命传统教育、延安精神教育、廉政教育等重任，发挥着博物馆搜集、修护、研究、保存、展览、教育等基本功能。经过 70 多年的发展，这座红色基因库实现了馆藏文物由建馆之初的千余件到 3.6 万件的飞跃。

每一件文物都是一段历史，每一段历史都有动人的故事，每个故事都蕴含着延安精神。为深入贯彻落实习近平总书记系列重要讲话重要指示精神，特别是 2022 年 10 月 27 日，习近平总书记在瞻仰延安革命纪念地时强调："在延安时期形成和发扬的光荣传统和优良作风，培育形成的以坚定正确的政治方向、解放思想实事求是的思想路线、全心全意为人民服务的根本宗旨、自力更生艰苦奋斗的创业精神为主要内容的延安精神，是党的宝贵精神财富，要代代传承下去。"延安革命纪念馆以为庆祝中国共产党成立 100 周年，配合党史学习教育深入开展而精心拍摄制作的 100 集系列红色故事微视频《延安·延安》为基础，坚持守正创新，着力打造集"文字、图片、视（音）频"为一体的党史普及书籍，全面启动了《革命文物　红色故事　延安·延安》的编写工作。馆领导班子高度重视，多次召开专题讨论会，成立课题组，由馆党委书记、馆长任组长，党委副书记、副馆长任副组长，党史专家、研究人员、优秀宣教工作者为成员，精心挑选 100 个故事，对稿件进行文字语言风格的统一，并配上丰富的革命文物照片。以 100 个文物故事为切入点，以小切口折射大主题，展示中共中央在延安十三年的发展历程和重大活动；以小故事揭示大道理，生动阐释了光照千秋的延安精神，使之通俗不失严肃、易懂不失深度，凸显故事性、可读性，增加读者对中共中央在延安十三年历史的情感认知。

《革命文物 红色故事 延安·延安》是我们牢记嘱托、感恩奋进，弘扬延安精神，为实现中华民族伟大复兴不懈奋斗的具体行动，也是在革命文物展示利用方面的一次探索和尝试，旨在通过讲好党的故事、革命的故事、根据地的故事、英雄和烈士的故事，以满足新时期人民群众的新需求。

　　从延安革命纪念馆走出去的党史专家、陕西省社科院研究员李忠全同志审读全稿并作序。受陕西人民教育出版社委托，中共陕西省委党史研究室汤彦宜同志对书稿进行了认真审读，并对我们的工作给予肯定和支持。李振武同志对书稿文字、史实进行反复校对。在此，表示衷心的感谢！同时，向为红色故事的搜集、整理和该书的编辑出版付出辛劳的编研人员，特别是张欢、冯延宁等几位同志致以诚挚的谢意！

　　巍巍宝塔，光芒永绽；滚滚延河，初心永恒。"延安的革命旧址是一本永远读不完的书"，每处革命旧址都承载着熠熠生辉的延安精神，是中华民族的宝贵精神财富，是中国共产党的传家宝。衷心希望经过与陕西人民教育出版社共同努力编撰而成的《革命文物 红色故事 延安·延安》使每一位读者开卷受益，希望该书能够成为弘扬革命文化、加强传统教育、激发爱国热情、振奋民族精神的生动教材，在以中国式现代化全面推进中华民族伟大复兴的征程上凝聚起磅礴伟力。

　　在史实资料等方面，我们虽进行了反复研究及多方考证，但难免会有疏漏和不足，诚请广大读者批评、指正。

茆梅芳

2022 年 12 月